통박사 조병호의

'이 날'을 기념하라에서
'나'를 기념하라로

통(通)하는
마지막 유월절
첫번째 성찬식

통通하는 마지막 유월절 첫 번째 성찬식

초판 1쇄 발행   2018년 9월 12일
   3쇄 발행   2022년 3월 15일

지은이 · 조병호
펴낸곳 · 도서출판 **통독원**
디자인 · 전민영

주 소 · 서울시 강남구 선릉로 806
전 화 · 02)525-7794
팩 스 · 02)587-7794
홈페이지 · www.tongbooks.com
등 록 · 제21-503호(1993.10.28)

ISBN 978-89-85738-96-5 03230

ⓒ 조병호, 2018

＊책값은 뒤표지에 있습니다. ＊파본은 바꾸어 드립니다.

＊본 책의 내용을 출처를 밝히지 않고 인용하거나 저작권자의 허락없이 복사·전재하는 행위 및 본 책의 내용을 이용·개작하여 어문, 음악, 영상 기타 여한한 형태의 저작물을 만드는 행위는 저작권법 등에 의해 금지되어 있습니다.

통박사 조병호의

'이 날'을 기념하라에서
'나'를 기념하라로

통(通)하는
마지막 유월절
첫번째 성찬식

조병호 지음

통독원

추천사

권의구 목사 (군산한일교회 담임)

초대교회 예배의 핵심은 말씀과 성찬이었다. 천주교는 아직도 그 전통을 잘 유지하지만 개신교에서는 성찬식을 소홀히 하는 아쉬움이 있다. 《통通하는 마지막 유월절 첫 번째 성찬식》은 그 아쉬움을 떨치고 다시금 성찬식의 중요성을 깨닫게 해주는 귀한 책이다. 이 책에서 저자는 구약의 3대 절기(유월절, 오순절, 초막절)와 5대 제사(번제, 소제, 화목제, 속죄제, 속건제) 안에 내재되어 있는 죄 용서와 하나님과 화목, 이웃과의 나눔 등의 정신이 성찬식 안에 수렴되어 있음을 1,500년 이스라엘 역사와 성경 전체를 통으로 꿰뚫어 명쾌하게 설명해준다. 이 책을 통해 성찬식의 중요성을 다시 회복함으로 초대 교회의 부흥이 다시 불길처럼 타오기를 소망하면서 독자들의 일독을 권한다.

김영래 교수 (감리교신학대학교)

유월절 식탁이 성찬의 식탁으로 변화되는 예수님의 구원 이야기가 성경통독의 세계적 권위자 조병호 박사의 '통通성경' 관점으로 우리의 눈을 열어주어 하나님의 마음에 한 발짝 더 가깝게 이끌어준다. 제사장 나라의 율법이 하나님 나라의 은혜로 완성되는 예수 그리스도의 사랑을 《통通하는 마지막 유월절 첫 번째 성찬식》에서 감동적으로 다시금 깨닫게 된다.

김형배 목사 (서산성결교회 담임)
조병호 박사는 이야기꾼이다. 조 박사의 이야기를 듣고 있으면 성경의 세계가 재미있게 열려진다. 조 박사는 탁월한 작가이다. 이분의 글을 읽으면 재미와 더불어 지적인 만족을 경험하게 된다. 《통通하는 마지막 유월절 첫 번째 성찬식》은 우리가 임마누엘 하나님을 성찬식을 통하여 어떻게 경험하게 되는지를 재미있으면서도 깊이 있게 잘 인도해준다.

이정숙 총장 (횃불트리니티신학대학원대학교)
단숨에 다 읽었다. 신구약 전체를 관통하는 거룩한 성찬의 비밀을, 그 신비를 풀어내는 저자의 통(通)성경 읽기에 또 한 번 감탄하며 큰 감사의 박수를 보낸다. 개신교 종교개혁자들은 그리스도께서 제정하신 성찬의 신비를 온전히 이해하고 또한 올바르게 그 예식을 행할 것을 강조했으나, 오늘 많은 개신교 교회의 성찬 이해와 예식은 얕고 가볍기 그지없음을 안타까워하며 이 책이 가져올 변화를 기대한다.

최경우 목사 (서울삼광교회 담임)

신학대학교 입학 때 주님 주신 말씀(스 7:10)처럼 율법을 연구하며, 준행하며, 가르치는 목회자를 만드시려, 故옥한흠 목사를 만나(사랑의교회 6년 사역) 제자훈련(귀납적 성경연구)을 배우게 하셨다. 그러나 늘 아쉬었던 성경통독 – 성경을 어느 한 부분이나 몇 가지 에피소드로만 아닌 전체 역사로 보는 통通성경 – 을 위해 평생을 바친 조병호 통通박사를 만나 많이 울었다. 30년 된 목회자가 이렇게 성경을 모르는 것에……. 그래서 2017년 종교개혁 500주년 맞아 독일 비텐베르그에서 세계 교회를 향해 '성경 한 권이면 충분합니다'를 당당히 선포하는 조 박사 곁에 있다는 것에 참 감격했다. 그리고 또 계속되는 연구 결과물, 《통通하는 마지막 유월절 첫 번째 성찬식》을 통해 다시 한 번 구약과 신약을 통通으로 보는 안목을 얻었다. 1,500년 전 유월절이 예수님에 의해 성찬식으로 승화되어, 마지막 하늘 성소에서 어린 양의 혼인잔치로 완성될 것을 통通으로 정리한 이 책을, 안 보면 후회할 것 같아 필독을 꼭 권한다.

최태영 교수 (영남신학대학교)

'유월절–성찬식' 프레임으로 신구약 전체를 통찰하는 뛰어난 책이다. 이스라엘이 1,500년간 지켜온 유월절은 십자가를 가리키고, 예수께서 제정하신 성찬식 또한 십자가를 기억하는 것임을 광범위한 성경 말씀에 근거하여 설득력 있게 논증함으로써, 복음의 핵심인 십자가에 대한 깊은 이해에 이르게 만든다. 유월절을 기념하는 대신 예수님을 기념하는 기독교의 정체성을 확립하게 하고, 책 전체를 통하여 제시된 하나님의 장대한 구원사는 오늘의 그리스도인들로 하여금 성경적 세계관을 정립하는 데 큰 도움이 될 것이다.

현요한 교수 (장로회신학대학교)

사람들이 성경을 읽기는 읽어도, 구약의 이야기 따로, 신약의 이야기 따로 읽을 때가 많다. 《通通하는 마지막 유월절 첫 번째 성찬식》은 구약의 유월절 및 제사에 대한 말씀과 신약의 예수 그리스도 사건, 그리고 그리스도를 기념하는 성만찬을 연결하여 그 의미를 생생하게 드러내 준다. 신구약 성경 전체의 깊은 곳에 흐르는 하나님의 진리를 알기 원하는 이들에게 일독을 권한다.

들어가면서

임마누엘과 성찬

하나님께서는 '하나님의 형상을 닮은 인간들'과 늘 함께하시기를 원하십니다. 그런데 인간들은 틈만 나면 어떻게 해서든지 하나님께로부터 멀어지려고만 합니다. 최초의 사람 아담부터 그러했습니다.

아담은 그의 아내 하와와 함께 죄를 짓고 두려워 하나님께로부터 멀리 도망해 숨어버렸습니다. 그러자 하나님께서는 죄 없는 짐승을 잡아 '가죽옷'을 지어 아담에게 직접 찾아가셨습니다.

그때로부터 하나님께서는 늘 인간들을 찾아가시기 시작하셨습니다. 사랑 많으신 하나님께서 인간들을 향한 사랑을 폭포처럼 퍼붓기 시작하셨던 것입니다.

하나님께서는 '모든 민족'과 함께하기 위해 아브라함의 후손들로 하여금 〈제사장 나라 거룩한 시민〉을 삼으시고, 그들이 하나님과 '모든 민족' 사이에서 평화를 만드는 민족이 되게 하셨습니다.

그리고 하나님께서는 '이스라엘 백성들과 함께하시기 위해' 그들에게 언약궤(법궤)를 만들라고 하시며 직접 설계도까지 주셨습니다.
하나님께서 언약궤(법궤)를 주신 이유는 '그곳에서' 〈제사장 나라 거룩한 시민〉과 함께하기 위함'이셨습니다.

그 후 1,500년이 지나
하나님께서는 당신의 독생자 아들을 이 땅에 직접 내려 보내주셨습니다. 그 이름은 '임마누엘'(God with us), '하나님께서 우리와 함께하신다' 이십니다.

예수님께서 부활하신 후, 제자들에게 말씀하십니다.
"내가 너희에게 분부한 모든 것을 가르쳐 지키게 하라
볼지어다. 내가 세상 끝날까지 너희와 항상 함께 있으리라"
(마 28:20)

그렇다면, 하나님의 형상을 닮은 우리 인간들 쪽에서 하나님을 향해 찾아가는 길도 있을까요? 네, 있습니다.

그것은 바로 '주님의 성찬에 참여하는 것'입니다. '주의 죽으심'을 '늘 기억하며 기념하는 주의 성찬'에 참여하는 것이 우리가 하나님과 함께하는 길입니다.

사도 바울이 '내가 그리스도와 함께 십자가에 못 박혔나니 그런즉 이제는 내가 사는 것이 아니요 오직 내 안에 그리스도께서 사시는 것이라'고 고백한 것은, 예수 그리스도의 '십자가에서의 죽으심'을 늘 기억하고 기념하겠다는 행동입니다.

임마누엘은 하나님께서 인간과 함께하기 위한
최고의 행동입니다.

성찬식은 그리스도인이 하나님과 함께하기 위한
최고의 행동입니다.

마지막 유월절과 첫 번째 성찬식을 기점으로
〈'이 날'을 기념하라〉가 〈'나'를 기념하라〉로 바뀌었다

기독교 예배의 중심 의식이라 할 수 있는 성찬식(聖餐式)은, 예수님께서 십자가에 달리시기 전날 밤에 열두 제자들에게 당신의 몸과 피를 상징하는 떡과 포도주를 나누어주셨던 것을 기념하기 위하여 행하는 의식입니다.

예수님께서 직접 제정하신 성찬식은 이스라엘 민족에게 가장 중요한 명절로 1,500년 동안이나 지켜오던 바로 그 유월절에 행해졌고, 예수님께서 유월절을 성찬식으로 바꾸심으로 그 유월절은 마지막 유월절이자 첫 번째 성찬식이 되었습니다.

예수님께서는 유월절 때 십자가를 지기로 결심하시고, 전날 밤 제자들과 함께 마지막 유월절 먹기를 원하고 또 원하셨습니다. 예수님께서는 이번 유월절이 마지막 유월절이 될 것을 미리 알고 준비하셨습니다.

> "내가 고난을 받기 전에
> 너희와 함께 이 유월절 먹기를 원하고 원하였노라
> 내가 너희에게 이르노니
> 이 유월절이 하나님의 나라에서 이루기까지
> 다시 먹지 아니하리라"(눅 22:15-16)

〈제사장 나라 거룩한 시민〉으로 하나님과 언약을 맺은 이스라엘 백성들에게 유월절은, 그들이 애굽에서 노예로 살아가고 있다가 출애굽하기 전날 밤에 하나님께서 이스라엘 민족의 장자들을 모두 살려주신 것을 기념하는 날입니다.

그리고 하나님께서는 출애굽 한 지 1년 된 때에 광야에서 이스라엘 백성들에게 '유월절을 그 정한 기일'에 지키라고 말씀하셨습니다. 유월절은 하나님께서 먼저 기억하신, 그리고 계속 기념하기를 원하신 바로 '그 날'이었습니다.

> 애굽 땅에서 나온 다음 해 첫째 달에
> 여호와께서 시내 광야에서 모세에게 말씀하셨습니다.

"이스라엘 자손에게 유월절을 그 정한 기일에 지키게 하라
그 정한 기일 곧 이 달 열넷째 날 해 질 때에
너희는 그것을 지키되
그 모든 율례와 그 모든 규례대로 지킬지니라"
모세가 이스라엘 자손에게 명령합니다.
"유월절을 지키라"(민 9:1-4)

유월절은 하나님의 명령대로 반드시 기념하며 지켜야 하는 '이 날'로, 1,500년 동안 지켜야 했습니다. 그런데 예수님께서는 마지막 유월절을 지키시며 더 이상 '이 날'을 기념할 것이 아니라, '나'를 기념하라고 말씀하셨습니다. 이것은 오직 살아계신 하나님의 독생자 예수 그리스도만이 하실 수 있는 말씀입니다.

그러므로 1,500년 동안 그토록 중요했던 유월절 '이 날'은 예수님의 성찬식을 기점으로 더 이상 기념하는 날이 아닙니다. 대신 '나를 기념하라'고 말씀하심으로 예수님의 첫 번째 성찬식 이래로 지금까지 우리는 늘 '우리 주님을 기념'하게 되었습니다.

그렇다면 우리는 예수님께서 성찬식을 제정하시기 전까지 가장 중요했던 날이자 기념해야 했던 '이 날'인 유월절에 대해서도 자세히 알아둘 필요가 있습니다. 구약의 레위기를 통해 다섯 가지 제사를 정확

하게 알아야 그 제사에 기반을 둔 '영적 예배'를 알 수 있듯이 말입니다.

유월절에 대해서 성경에 기록된 대로 정확하고 자세하게 알아야 하는 가장 중요한 이유는, 사실 '유월절'이 성경 전체를 잇는 매우 중요한 키워드이기 때문입니다.

〈출애굽기〉에 처음 등장한 '유월절의 어린 양' 이야기는 신약으로 가서 '하나님의 어린 양' 예수님의 이야기로 이어집니다. 그리고 예수님께서 제정하신 성찬식을 시작으로 '제사장 나라의 다섯 가지 제사'가 '하나님 나라의 오직 예배'로 바뀝니다. 결국 '유월절 어린 양'은 '하나님의 어린 양'으로, 그리고 요한계시록의 '어린 양의 혼인 잔치'까지 이어집니다.

또한 '유월절'이 〈제사장 나라〉 모든 이야기의 시작이라면, '성찬식'은 예수님의 〈하나님 나라〉 공생애를 마무리하는 이야기이고, 예수님께서 이루신 하나님 나라의 기념식입니다. 그리고 유월절에는 어린 양의 피와 고기를 바르고 먹었다면, 성찬식에서는 떡과 포도주로 예수님의 몸과 피를 대신하여 먹고 마심이 되었습니다.

그러므로 유월절 '이 날을 기념하는 것'이 하나님께서 〈제사장 나라 거룩한 시민〉으로 선택하신 이스라엘 장자들의 생명을 살리신 날을 기념하는 것이었다면, 성찬식을 통해 '예수 그리스도를 기념하는 것'은 세상 모든 사람들을 죄에서 구원하신 예수 그리스도의 십자가에서의 '주의 죽으심'을 기념하는 것입니다.

이처럼 유월절로 〈제사장 나라〉의 모든 이야기들이 시작되고, 예수님의 성찬식으로 〈하나님 나라〉 이야기가 정리됩니다.

2018년 통독원에서

passover communion
contents

* 추천사

* 들어가면서
- 임마누엘과 성찬
- 마지막 유월절과 첫 번째 성찬식을 기점으로
  〈'이 날'을 기념하라〉가 〈'나'를 기념하라〉로 바뀌었다

1. 첫 번째 유월절, 출애굽 전날 밤 '어린 양'으로 시작되다 _ 21

- 창세기의 제사 이야기
- 노아의 번제
- 아브라함의 번제
- 모세와 유월절 어린 양
- 유월절 어린 양과 애굽의 장자, 히브리의 장자

2. 유월절, 제사장 나라 명절이 되다 – '이 날'을 기념하라 _ 45

- 유월절 어린 양으로 제사장 나라 조직을 만들다
- 제사장 나라의 제사장과 다섯 가지 제사
  : 번제, 소제, 화목제, 속죄제, 속건제
- 제사장 나라의 3대 명절 : 유월절, 오순절, 초막절
- 제사장 나라의 3대 절기 : 안식일, 안식년, 희년
- 모세, 두 번째 유월절을 시내 광야에서 기념하다
- 여호수아, 유월절을 약속의 땅 가나안에서 기념하다
- 사무엘, 유월절을 기념하다
- 솔로몬, 유월절을 기념하다
- 히스기야, 유월절을 북이스라엘과 함께 기념하다
- 요시야, 유월절을 모세 기록대로 기념하다

3. 예레미야, 바벨론 포로 70년을 통해 예수님의 '새 언약'을 예고하다 _101

- 예레미야, 레위기 26장으로 새 언약을 예고하다
- 바벨론 포로들, 옛 언약을 깊이 생각하다
- 극상품 무화과나무들, 다시 유월절을 기념하다

4. 세례 요한, 예수님을 '하나님의 어린 양'으로 소개하다 _135

- 예수님, 어린 시절 유월절을 해마다 기념하다
- 세례 요한, 세례로 예수님의 길을 예비하다
- 세례 요한, 유월절 어린 양으로 하나님의 어린 양 예수를 알리다
- 하나님의 어린 양, 십자가에서 찢기시고 상처 입으신 예수님의 몸을 상징하다

5. 예수님, 마지막 유월절에 첫 번째 성찬식을 시작하다 – '나'를 기념하라 _161

- 예수님의 계획, 이번 유월절에 팔리리라
- 대제사장의 계획, 이번 유월절에는 죽이지 말자
- 빌라도의 계획, 유월절 사면권을 내놓다
- 예수님, 마지막 유월절 날 첫 번째 성찬식 하다
- 첫 번째 성찬식, 십자가 지시기 전날 밤 떡과 포도주로 시작하시다

6. 예수님의 성찬식과 십자가를 통通으로 보다 _ 197

- 유월절 어린 양, 히브리 장자를 위하여
- 하나님의 어린 양, 많은 사람을 위하여
- 오직 예수님의 피로 세우는 새 언약, 영원한 속죄
- 손으로 만들지 아니한 하늘 성소 십자가, 단번에 성소에
- 성찬식, 하나님 나라 기념식이 되다

7. 바울, 고린도 교회에 성찬식을 가르치다 _ 215

- 십자가 그 순간, 예루살렘 성전 휘장 찢어지고
- 너희 몸이 성전 되는
- 이 비밀의 영광이 모든 민족 가운데 풍성한 것으로 나타나
- 다섯 가지 제사에서 오직 예배를 드리며
- 주님 다시 오실 그 날까지 주의 죽으심을 기념하며, 전하라

* 나가면서
〈하나님 나라〉 잔치에 참석하리라

passover .
communion

chapter **1**

첫 번째 유월절, 출애굽 전날 밤
'어린 양'으로 시작되다

하나님께서는 출애굽 하여 약속의 땅 가나안으로 가기 위해 '불편하기 이를 데 없는 광야 생활'을 하고 있던 이스라엘 백성들에게, 그곳 광야에서부터 '유월절 기념'하는 것을 시작하게 하셨습니다. 그래서 이스라엘 백성들은 애굽(이집트)에서의 첫 번째 유월절이 지난 지 1년 만에 하나님의 명령에 따라 광야에서 두 번째 유월절을 지키게 되었습니다.

하나님께서 출애굽 한 이스라엘 백성들에게 광야에서부터 유월절을 기념하고 지키게 하신 이유는 이스라엘 백성들을 〈제사장 나라 거룩한 시민〉으로 삼으시는 일에 있어 '유월절 어린 양' 덕분에 목숨을 건진 이스라엘의 장자들, 그리고 그 장자들을 대신하는 레위인들에 대한 앞으로의 계획 때문이셨습니다.

'유월절(Passover)'은 말 그대로 '넘어갔다'는 것입니다. 무엇이 넘어 갔는가 하면, 바로 '이스라엘 민족의 장자들과 짐승의 초태생(初胎生) 들의 죽음'이 넘어갔다는 것입니다. 애굽(이집트) 가정의 장자들과 짐승 의 초태생은 빠짐없이 모두 죽음을 면치 못했는데 말입니다.

이스라엘 민족의 장자들과 짐승의 초태생들이 모두 목숨을 건지게 된 이유는, '유월절 어린 양'이 '히브리 장자들을 대신'해서 죽었기 때 문입니다. 그런데 놀랍게도 '대신'이라는 개념은 이미 창세기에서부터 시작되었습니다.

창세기의 제사 이야기

'대신'의 시작은 놀랍게도 '아담을 위한 가죽옷'으로부터 기인되었 습니다. 하나님께서는 죄를 짓고 두려워 숨어 있는 아담을 찾아가시 며, 죄지은 아담을 위해 '죄 없는 짐승을 대신' 잡아 죽게 하시고 그 짐 승의 가죽으로 아담을 위한 가죽옷을 만들어 입혀주셨습니다. 가죽옷 은 이미 짐승이 피 흘려 죽었다는 것을 의미합니다.

"여호와 하나님이 아담과 그의 아내를 위하여
가죽옷을 지어 입히시니라"(창 3:21)

하나님께서 만들어 입혀주신 가죽옷을 입고 에덴동산을 떠난 아담과 그의 아내 하와는 가인과 아벨 두 아들을 낳아 길렀습니다. 그중 둘째 아들 아벨이 그가 기르던 양을 잡아 하나님께 제사를 드렸고, 하나님께서 그 아벨의 제사를 받으셨다는 것이 성경에 기록되어 있습니다.

"아벨은 자기도 양의 첫 새끼와 그 기름으로 드렸더니
여호와께서 아벨과 그의 제물은 받으셨으나"(창 4:4)

아담의 가죽옷과 아벨이 양의 첫 새끼와 그 기름[1]으로 하나님께 제사를 드렸다는 이야기에서 죄 없는 짐승이 피 흘려 죽었다는 이야기가 성경에 기록되기 시작했습니다. 그리고 홍수 이후 노아가 죄 없는 짐승을 잡아 피 흘려 죽게 하고 태워서 향기로 하나님께 올려드리는 제사인 '번제'를 드렸다는 이야기가 성경에 나옵니다.

노아의 번제

하나님께서 노아에게 홍수 심판을 말씀하셨을 때에 노아가 곧바로 시작했던 일은, 방주[2]를 만들고 그 방주 안에 모든 각종 짐승들을 모아들이는 일이었습니다. 그리고 홍수가 시작되면서부터 노아가 한 일

---

1) NIV에는 아벨이 그의 양 떼 중 맏배 몇 마리에서 기름 부위들을 가져온 것으로 되어 있고, CEV에는 양의 첫 새끼를 죽이고 가장 좋은 부위를 드린 것으로 되어 있음(He killed the first-born lamb from one of his sheep and gave the LORD the best parts of it.)

2) 방주(方舟, ark)는 히브리어로 '테바'라고 함. 그 정확한 어원은 알려져 있지 않음. 아마 배를 나타내는 애굽어 텝트(Tept)로부터 유래한 것이 아닐까 학자(Keil, Kalisch)들은 추정할 뿐임. 이 단어는 아기 모세를 나일강으로 태워보냈던 갈대 상자(출 2:3,5)에 사용되었던 바로 그 단어임.

노아의 번제 _ 요셉 안톤 코흐 作

은 온갖 정성을 다해 방주 안의 짐승들을 돌보는 것이었습니다.

짐승들을 돌보다 보면 그 짐승들을 아끼고 사랑하게 됩니다. 그런데 홍수가 그치자, 노아는 그렇게 온갖 정성을 다해 돌보던 짐승 가운데 모든 정결한 짐승과 모든 정결한 새 중에서 제물을 골라 피 흘려 죽게 한 후 태워서 향기로 하나님께 올려드리며 '번제'를 드렸습니다.

자신이 정성을 다해 기르며 돌보던 짐승을 잡아 죽이는 일은 결코 쉬운 일이 아닙니다. 그래서 '번제'를 드리는 모든 과정을 통해 인간은 생명의 주인이 하나님이심을 다시금 깨닫게 되는 것입니다.

홍수가 끝나고 방주 밖으로 나온 노아와 노아의 가족들이 본 세상은 말 그대로 수마(水魔)가 모든 것을 다 할퀴고 간 뒤의 끔찍하고 처참한 모습이었습니다. 살아 있었던 모든 생물들이 다 죽어 있었던 것입니다. 그때 그 세상의 끔찍한 모습을 보고 난 후 노아가 했던 일이 바로 하나님께 올려드린 '번제'였습니다.

"노아가 여호와께 제단을 쌓고 모든 정결한 짐승과
모든 정결한 새 중에서 제물을 취하여
번제로 제단에 드렸더니"(창 8:20)

홍수 후에 노아는 세상 모든 사람들은 다 죽었지만 자신과 자신의 가족들만 홍수 가운데에서 살아남았다고 기뻐하지 않았을 것입니다. 인간의 죄에 대한 하나님의 공의의 심판이 정말로 무섭다는 것과, 살아남은 자신과 자신의 가족들이 앞으로 하나님 앞에 어떻게 더 헌신하며 살아야 할지를 깊이 고민했을 것입니다.

그 결단이 바로 '하나님께 짐승을 태워 향기로 올려드리는 번제'였습니다.

아브라함의 번제

노아의 뒤를 이어 아브라함이 하나님께 짐승을 잡아 '번제'의 제사를 드렸다고 성경은 기록하고 있습니다. 아브라함에게 번제를 가르쳐

주신 분은 하나님입니다. 하나님께서는 아브라함에게 3년 된 암소, 암염소, 숫양과 산비둘기와 집비둘기 새끼를 준비하게 하셨습니다.

그리고 해 질 때에 하나님께서는 아브라함의 꿈을 통해 그의 후손들이 400년 동안 이방의 객으로 지내다가 가나안으로 돌아올 것을 보여주시며 쪼갠 고기 사이로 타는 횃불이 지나가게 하셨습니다. 하나님께서는 이렇게 하나님의 임재를 나타내시며 아브라함에게 번제에 대해 가르쳐주셨습니다.

"여호와께서 그에게 이르시되 나를 위하여
삼 년 된 암소와 삼 년 된 암염소와 삼 년 된 숫양과
산비둘기와 집비둘기 새끼를 가져올지니라"(창 15:9)

"해가 져서 어두울 때에 연기 나는 화로가 보이며
타는 횃불이 쪼갠 고기 사이로 지나더라"(창 15:17)

아브라함은 삶의 장소를 옮길 때마다 하나님께 제단을 쌓고 '번제'를 드렸으며, 그의 아들 이삭에게도 하나님께 배운 대로 '번제'를 가르쳤습니다. 때문에 하나님의 명령대로 모리아산으로 아브라함과 이삭이 제사를 드리러 갈 때에, 이삭이 '번제'에 쓸 제물이 없다는 사실을 알고 지적할 수 있었던 것입니다.

이삭이 아버지 아브라함에게 질문합니다.
"내 아버지여"

"내 아들아 내가 여기 있노라"
"불과 나무는 있거니와
번제할 어린 양은 어디 있나이까"(창 22:7)

아들 이삭의 질문에 아브라함은 하나님께서 미리 준비하셨다고 답했습니다. 그리고 놀랍게도 아브라함의 대답은 '정답'이 되었습니다.

"아브라함이 눈을 들어 살펴본즉
한 숫양이 뒤에 있는데 뿔이 수풀에 걸려 있는지라
아브라함이 가서 그 숫양을 가져다가
아들을 대신하여 번제로 드렸더라"(창 22:13)

번제의 제물이 아들 이삭이라고 생각했다가, '아들 대신' 하나님께서 준비해주신 '뿔이 수풀에 걸려 있는 숫양'을 번제의 제물로 바치면서 아브라함이 아들을 대신하는 그 숫양이 얼마나 고마웠겠습니까. 숫양이 죄지은 인간을 '대신'해 피 흘려 죽고 제사의 제물이 되어주었던 것입니다.

그 이후 아브라함의 아들 이삭, 그리고 이삭의 아들 야곱도 하나님께 제단을 쌓고 제사를 드렸습니다.

"이삭이 그 곳에 제단을 쌓고,
여호와의 이름을 부르며 거기 장막을 쳤더니

이삭의 희생 _ 야콥 요르단스 作

이삭의 종들이 거기서도 우물을 팠더라"(창 26:25)

"야곱이 또 산에서 제사를 드리고 형제들을 불러 떡을 먹이니 그들이 떡을 먹고 산에서 밤을 지내고"(창 31:54)

"야곱이 밧단아람에서부터 평안히 가나안 땅 세겜 성읍에 이르러 그 성읍 앞에 장막을 치고

그가 장막을 친 밭을 세겜의 아버지 하몰의 아들들의 손에서
백 크시타에 샀으며 거기에 **제단**을 쌓고
그 이름을 엘엘로헤이스라엘이라 불렀더라"(창 33:18-20)

"우리가 일어나 벧엘로 올라가자
내 환난 날에 내게 응답하시며 내가 가는 길에서 나와 함께 하신
하나님께 내가 거기서 **제단**을 쌓으려 하노라"(창 35:3)

아브라함과 이삭에 이어 늘 하나님께 제사를 드렸던 야곱은 그의 노년에 죽은 줄로만 알았던 요셉이 애굽(이집트)에 살아 있고, 애굽의 총리까지 되었다는 것도 알게 되지만, 그럼에도 불구하고 애굽으로 내려가는 것에 대해 두려웠습니다.

아브라함에게는 '지시할 땅'이었던 가나안이 이제 이삭과 야곱 대(代)에 이르러서는 마침내 '약속의 땅'이 되었기 때문입니다.

애굽(이집트)으로 내려가는 문제를 가지고 깊이 고민하던 야곱이 마침내 브엘세바에서 하나님께 '희생 제사'를 드립니다.

그러자 야곱이 하나님께 '희생 제사'를 올려드린 그 밤에 하나님께서 야곱을 찾아오셔서 두려워하지 말고 애굽으로 내려가라고 말씀해 주십니다.

하나님께서 야곱에게 '입(入)애굽'이 아브라함의 후손들로 하여금 큰 민족을 이루게 하시려는 하나님의 뜻'임을 가르쳐주셨던 것입니다.

비록 지금은 큰 민족을 이루기 위해 입(入)애굽을 하지만, 다시 약속의 땅으로 올라오게 될 것이라고 말씀해주셨습니다.

> 이스라엘이 모든 소유를 이끌고 떠나 브엘세바에 도착해
> 그의 아버지 이삭의 하나님께 **희생제사를 드리니**
> 그 밤에 하나님이 이상 중에 이스라엘에게 나타나 말씀하십니다.
> "야곱아 야곱아"
> "내가 여기 있나이다"
> "나는 하나님이라 네 아버지의 하나님이니
> 애굽으로 내려가기를 두려워하지 말라
> 내가 거기서 너로 큰 민족을 이루게 하리라
> 내가 너와 함께 애굽으로 내려가겠고
> 반드시 너를 인도하여 다시 올라올 것이며
> 요셉이 그의 손으로 네 눈을 감기리라" (창 46:1-4)

입(入)애굽을 앞두고 야곱이 하나님께 올려드린 '희생 제사'는, 자신이 직접 정성을 다해 기르던 짐승을 자신을 '대신'해 죽게 하고, 그 제물을 태워 하나님께 번제로 드렸던 제사였습니다. 이렇게 야곱 때에 처음 언급된 '희생 제사'는 야곱이 처음 시작한 것이 아니었습니다.

야곱 이전부터 노아, 아브라함, 이삭이 하나님께 희생 제사를 드렸었고, 그 희생 제사가 야곱에게까지 계승되었던 것입니다. 그러므로 사실 〈창세기〉에 기록된 모든 제사들은 처음부터 죄 없는 짐승이 죄지

은 인간을 대신해 희생된 '희생 제사'였습니다.

그 후 야곱의 '희생 제사'는 요셉에게, 그리고 그 이후 애굽에서 태어난 아브라함의 후손들에게 계승되었습니다. 요셉이 입(入)애굽해온 자기 가족 70명에게 애굽의 농업이 아닌, 목축업에 종사하게 했었고, 고센 땅[3]에서 따로 정착해 살게 했던 이유도 바로 '희생 제사'를 드릴 '민족'으로 살아남게 하기 위해서였습니다.

"당신들은 이르기를 주의 종들은
어렸을 때부터 지금까지 목축하는 자들이온데
우리와 우리 선조가 다 그러하니이다 하소서
애굽 사람은 다 목축을 가증히 여기나니
당신들이 고센 땅에 살게 되리이다"(창 46:34)

덕분에 입(入)애굽하고 430년이 지났음에도 불구하고, 출애굽 전날 밤 애굽(이집트)에서 모세가 23,000여 가정에 어린 양을 잡으라고 했을 때에 한 가정도 빼놓지 않고 일사분란하게 그 어려운 일을 다 해낼 수 있었습니다. '아브라함의 후손들'은 언제든지 양을 잡고 죽이며 제사 드릴 수 있도록 '훈련된 민족'이었던 것입니다.

---

[3] 고센(Goshen)은 나일강 삼각주 동편에 있는 지역으로, 애굽으로 내려간 야곱의 가족들이 출애굽할 때까지 살았음. 애굽의 나일강 삼각주 지대는 강에 의해 운반된 퇴적물들이 쌓여 비옥한 토양이 됨 때문에 애굽농경산업의 발전을 이룸. 고센은 비가 오지 않는 지역이니 나일강과 연결된 수로와 운하로 정비되어 물도 확보되어, 가축을 기르는 데 적합했음. 농업에 가치를 둔 애굽인들에게 목축업은 꺼려하는 직업이었기에 요셉은 이를 염두에 두고 민족 혈통을 유지할 수 있도록 고센 정착을 도모함. 이로써 야곱 가족은 민족의 혈통을 보호하며 히브리 민족을 이룰 수 있게 됨.

이처럼 〈창세기〉의 희생 제사가 징검다리가 되어 〈출애굽기〉에 유월절이 등장하게 되었습니다.

모세와 유월절 어린 양

유월절 이야기를 위해서 모세는 태어난 지 3개월 만에 갈대 상자를 타고 애굽 궁정으로 들어갔으며, 애굽 왕자로 40년, 그리고 살인자가 되어 도망자로 광야에서 살았던 40년의 세월이 필요했습니다. 그 세월을 지나 마침내 하나님께서 하나님의 때에 모세를 불러 다시 애굽 궁정에서 바로(파라오)와 만나게 하셨습니다.

전직 애굽(이집트) 왕자 모세가 애굽의 왕 바로(파라오) 앞에서 '하나님의 뜻'을 전했습니다. 이스라엘 백성들은 하나님의 장자로 하나님께 제사를 드려야 하는데 바로가 이를 허락하지 않으면 '하나님께서는 애굽의 장자들을 죽이실 것이다'는 내용이었습니다.

"너는 바로에게 이르기를
여호와의 말씀에 이스라엘은 내 아들 내 장자라
내가 네게 이르기를 내 아들을 보내 주어 나를 섬기게 하라 하여도
네가 보내 주기를 거절하니
내가 네 아들 네 장자를 죽이리라 하셨다 하라 하시니라"
(출 4:22-23)

모세는 바로(파라오)에게, '이스라엘 백성들이 광야로 3일 길을 가서 그곳에서 하나님께 〈번제〉를 드려야 한다'고 요구했습니다. 번제를 드리지 않으면 하나님께서 이스라엘 백성을 전염병이나 칼로 치실까 두렵다고 말했습니다. 그러나 하나님께 드리는 제사인 '번제'에 대해 알지 못했던 바로는 당연히 이를 거절했습니다.

모세와 아론이 바로에게 가서 말합니다.
"이스라엘의 하나님 여호와께서 이렇게 말씀하시기를
내 백성을 보내라
그러면 그들이 광야에서
내 앞에 절기를 지킬 것이니라 하셨나이다"
바로가 대답합니다.
"여호와가 누구이기에
내가 그의 목소리를 듣고 이스라엘을 보내겠느냐
나는 여호와를 알지 못하니 이스라엘을 보내지 아니하리라"
모세와 아론이 다시 말합니다.
"히브리인의 하나님이 우리에게 나타나셨은즉
우리가 광야로 사흘길쯤 가서
우리 하나님 여호와께 제사를 드리려 하오니 가도록 허락하소서
여호와께서 전염병이나 칼로 우리를 치실까 두려워하나이다"

바로가 대답합니다.
"모세와 아론아 너희가 어찌하여 백성의 노역을 쉬게 하려느냐

가서 너희의 노역이나 하라"(출 5:1-4)

그 후 모세는 6개월 동안 아홉 번 바로(파라오)를 만나 이스라엘 백성들이 하나님께 '번제'를 드리는 문제를 가지고 '협상'을 했습니다. 그때마다 하나님께서는 모세가 일할 수 있도록 '기적'으로 '협상 동력'을 만들어주셨습니다. 애굽(이집트)의 바로는 아홉 번째 흑암 재앙[4]을 맞고 나서야 마침내 가축을 제외하고 출애굽을 조건부로 허락했습니다.

바로가 모세를 불러 말합니다.
"너희는 가서 여호와를 섬기되 너희의 양과 소는 머물러 두고
너희 어린 것들은 너희와 함께 갈지니라"(출 10:24)

하나님께 '희생 제사'로 올려드리는 '번제'는 반드시 제물이 될 짐승이 필요했습니다. 그래서 모세는 하나님께 '희생 제사'를 드려야 하므로 가축도 함께 데리고 가야 한다고 주장했습니다.

---

4) 열 가지 재앙

내 용	바로의 반응	기타 사항
1. 피	말을 듣지 않음	애굽 요술사들도 행함
2. 개구리	말을 듣지 않음	애굽 요술사들도 행함
3. 이	말을 듣지 않음	애굽 요술사들은 행하지 못함
4. 파리	출애굽 허락, 다시 거절	고센 지역은 제외
5. 가축의 죽음	마음이 완강	이스라엘 가축은 제외
6. 악성 종기	마음이 완강	
7. 우박	"여호와는 의로우시고 나와 나의 백성은 악하도다"라고 고백	고센 지역은 제외
8. 메뚜기	장정만 출애굽 허락	
9. 흑암	가축을 제외한 출애굽 허락	고센 지역은 제외
10. 장자의 죽음	이스라엘 전체 출애굽	애굽 전 지역

그러자 바로(파라오)는 모세에게 또다시 찾아오면 그때는 죽이겠다고 말하며 협상 테이블을 걷어차 버렸습니다. 완악한 애굽의 바로로 인해 6개월 동안 시도된, 아홉 번의 협상이 무효가 되었습니다.

하지만 애굽에서 가장 큰 기적이 준비되고 있었습니다. 하나님께서는 모세를 통해 이스라엘 각 가정에 '어린 양'을 잡으라고 명령하셨습니다. 그래서 아브라함의 후손들인 이스라엘 민족 23,000여 가정이 모두 각각 1년 된 어린 양들을 잡기 시작했습니다.

그 과정을 자세히 살펴보면 다음과 같습니다.

1. 첫 달 열흘에 각 가정 단위로 각 가족의 식구대로 먹을 수 있는 분량으로 1년 된 수컷 어린 양을 취합니다.
2. 열나흘날까지 양을 간직합니다.
3. 열나흘날 해 질 때 양을 잡습니다.
4. 양의 피를 우슬초에 적셔 집의 좌우 문설주와 인방에 바릅니다.
5. 양의 고기는 불에 구워 무교병과 쓴 나물과 함께 먹습니다. 이때 허리에 띠를 띠고 발에 신을 신고 손에 지팡이를 잡고 급히 먹습니다.
6. 먹고, 아침까지 남은 것은 모두 불사릅니다.

여호와께서 애굽 땅에서 모세와 아론에게 말씀하십니다.
"이 달을 너희에게 달의 시작 곧 해의 첫 달이 되게 하고

유월절 _ 팔마 조바네 作

너희는 이스라엘 온 회중에게 말하여 이르라

이 달 열흘에 너희 각자가 어린 양을 취할지니
각 가족대로 그 식구를 위하여 어린 양을 취하되
그 어린 양에 대하여 식구가 너무 적으면
그 집의 이웃과 함께 사람 수를 따라서 하나를 취하며
각 사람이 먹을 수 있는 분량에 따라서
너희 어린 양을 계산할 것이며
너희 어린 양은 흠 없고 일 년 된 수컷으로 하되
양이나 염소 중에서 취하고 이 달 열나흘날까지 간직하였다가
해 질 때에 이스라엘 회중이 그 양을 잡고
그 피를 양을 먹을 집 좌우 문설주와 인방에 바르고

그 밤에 그 고기를 불에 구워 무교병과 쓴 나물과 아울러 먹되
날것으로나 물에 삶아서 먹지 말고
머리와 다리와 내장을 다 불에 구워 먹고
아침까지 남겨두지 말며 아침까지 남은 것은 곧 불사르라

너희는 그것을 이렇게 먹을지니
허리에 띠를 띠고 발에 신을 신고 손에 지팡이를 잡고
급히 먹으라
이것이 **여호와의 유월절**이니라"(출 12:1-11)

이 모든 과정을 다하는 것이 '유월절'이었습니다. 그런데 이 유월절 명령을 지키지 않으면, 애굽 전역에 있는 애굽(이집트)인의 장자나 아브라함 후손의 장자나, 짐승의 초태생은 다 죽습니다.

이 죽음이 넘어가는 길은 오직 어린 양의 피를 집 좌우 문설주와 문인방에 바르는 것뿐입니다. 장자와 짐승의 초태생이 살 수 있는 다른 길, 다른 방법은 없었습니다.

"내가 그 밤에 애굽 땅에 두루 다니며
사람이나 짐승을 막론하고
애굽 땅에 있는 모든 처음 난 것을 다 치고
애굽의 모든 신을 내가 심판하리라
나는 여호와라

내가 애굽 땅을 칠 때에 그 피가 너희가 사는 집에 있어서
너희를 위하여 표적이 될지라
내가 피를 볼 때에 너희를 넘어가리니
재앙이 너희에게 내려 멸하지 아니하리라"(출 12:12-13)

그 날, 애굽 전역의 모든 장자들과 짐승의 초태생들은 다 죽었습니다. 오직 '유월절 어린 양의 피'를 좌우 문설주와 인방에 바른 아브라함 후손의 장자와 짐승의 초태생만이 목숨을 건졌습니다. 이스라엘 민족 각 가정에 1년 된 어린 양 한 마리가 죽는 '대신' 각 가정의 장자들과 그 집에서 기르는 모든 짐승의 초태생들이 다 살았습니다.

"여호와께서 애굽 사람들에게 재앙을 내리려고 지나가실 때에
문 인방과 좌우 문설주의 피를 보시면
여호와께서 그 문을 넘으시고 멸하는 자에게
너희 집에 들어가서 너희를 치지 못하게 하실 것임이니라"
(출 12:23)

하나님께서는 하나님과 모든 민족 사이에 평화를 만드는 사명을 받은 〈제사장 나라 거룩한 시민〉 이스라엘 백성들에게 바로 이 날을 기억하고 '이 날을 기념하라'고 말씀하셨습니다.

"너희는 이 날을 기념하여 여호와의 절기를 삼아
영원한 규례로 대대로 지킬지니라"(출 12:14)

유월절 어린 양과 애굽의 장자, 히브리의 장자

하나님께서는 바로(파라오)에게 이스라엘 백성들의 광야 제사를 거절하면 애굽(이집트)의 장자들을 모두 죽이실 것이라고 이미 경고하셨습니다. 이후 6개월 동안 아홉 번의 재앙을 통해 계속 경고하셨지만, 애굽의 바로는 이 또한 무시했습니다.

'장자를 죽이리라'는 경고를 '있을 수 없는 일'로 생각했던 것입니다. 결국 '유월절 그 날' 애굽의 모든 장자들의 죽음은 실제로 일어났고, 이로 인해 애굽의 제국 기반은 무너지게 되었습니다.

> "밤중에 여호와께서 애굽 땅에서 모든 처음 난 것
> 곧 왕위에 앉은 바로의 장자로부터 옥에 갇힌 사람의 장자까지와
> 가축의 처음 난 것을 다 치시매 그 밤에 바로와 그 모든 신하와
> 모든 애굽 사람이 일어나고 **애굽에 큰 부르짖음**이 있었으니
> 이는 그 나라에 죽임을 당하지 아니한 집이
> 하나도 없었음이었더라" (출 12:29-30)

애굽(이집트)에서의 유월절은, 애굽의 모든 장자들이 죽음으로 제국을 꿈꾸었던 애굽의 기반이 통째로 무너진 것과 대조적으로 이스라엘 민족의 모든 장자들은 살아남아 제사장 나라의 기반이 된 날이었습니다. 그리고 그들은 '그 날'을 기념하며 1,500년 동안 유월절을 지켜나갔습니다.

하나님께서 유월절을 통해 이스라엘의 장자들과 짐승의 초태생들을 살려서 거룩히 구별하심은, 구별하는 데서 끝나는 것이 아니었습니다. 바로 이들은 하나님께서 말씀하신 '내 것'이 되기 위한 구별이었습니다. 유월절 어린 양이 '대신' 죽음으로 인해 이스라엘 민족의 장자들이 살게 되었고,

애굽 바로의 장자가 죽다 _ 에브라임 모세 릴리엔 作

구별되었으며, 그들은 하나님의 소유, 하나님의 것이 되었습니다.

그렇게 이스라엘 민족의 장자들, 곧 각 가정을 중심으로 제사장 나라의 기반이 나오게 되었습니다. 나라로 표현한다면 각 가정의 장자들이 〈제사장 나라의 공직자들〉이 된 것입니다.

"이스라엘 자손 중에서 사람이나 짐승을 막론하고
태에서 처음 난 모든 것은 다 거룩히 구별하여 내게 돌리라
이는 내 것이니라"(출 13:2)

그 첫 번째 애굽(이집트)에서의 유월절은 하나님께서 계획하시고 세우신 〈제사장 나라〉의 시작이었습니다. 40년 광야 생활을 마치고 모세의 뒤를 이은 여호수아도 약속의 땅 가나안에 들어가 제사장 나라를

꿈꾸며 유월절을 지켰습니다. 그 이후 이스라엘 민족은 유월절을 잘 지키는지 여부에 따라 칭찬을 받기도 하고, 처벌을 받기도 했습니다.

유월절은 예수님 때까지 잘 계승되어, 예수님께서도 해마다 유월절을 지키십니다.

"그의 부모가 해마다 유월절이 되면 예루살렘으로 가더니
예수께서 열두 살 되었을 때에
그들이 이 절기의 관례를 따라 올라갔다가"(눅 2:41-42)

이후 세례 요한에 의해 우리 예수님은 '세상 죄를 지고 가는 하나님의 어린 양'으로 소개됩니다. 세례 요한이 언급한 '하나님의 어린 양'은 '유월절 어린 양'을 기반으로 한 말이었습니다.

요한이 예수께서 자기에게 나아오심을 보고 말합니다.
"보라 세상 죄를 지고 가는 하나님의 어린 양이로다"(요 1:29)

그리고 예수님께서 공생애 3년 후 마지막 유월절을 지키시며, 첫 번째 성찬식으로 제정해주셨습니다. 수많은 '어린 양'들이 피 흘려 죽어서' 〈제사장 나라〉 통치에 중요한 부분을 감당했다면, '하나님의 어린 양'이신 예수 그리스도의 보혈은 〈하나님 나라〉의 통치 그 자체였습니다.

예수님께서 첫 번째 성찬식을 거행하셨던 바로 그 마지막 유월절에 〈하나님 나라〉의 복음을 확인하시며 〈새 언약〉을 주셨습니다. 유월절로부터 제사장 나라가 시작되었듯이, 마지막 유월절 곧 첫 번째 성찬식으로 모든 것이 다시 새롭게 시작되었습니다. 마지막 유월절은 끝나는 날이 아니라, 성찬식으로 새로워진 날입니다.

passover .
communion

chapter 2
유월절, 제사장 나라 명절이 되다
– '이 날'을 기념하라

시내산에서 하나님께서는 500년 전 아브라함과 맺으셨던 언약을 말씀하시며 출애굽 한 이스라엘 백성들에게 〈제사장 나라 거룩한 시민〉이 되기를 원하느냐고 물으셨습니다. 모든 이스라엘 백성들이 〈제사장 나라 거룩한 시민〉이 되겠다고 한마음으로 하나님께 답했습니다.

그러자 하나님께서는 이스라엘의 하나님이 되어주시고, 이스라엘 백성들은 〈제사장 나라 거룩한 시민〉으로 하나님과 모든 민족 사이에 평화를 만들겠다고 약속했습니다.

그리하여 하나님과 이스라엘 백성들 사이에 〈제사장 나라〉 언약이 체결되었습니다. 그러므로 〈제사장 나라 거룩한 시민〉 언약은, 하나님과 이스라엘 백성들 사이의 쌍방 간에 합의한 '쌍무 언약'이었습니다.

언약 체결_존 S. 데이비스 作

하나님께서는 〈제사장 나라 거룩한 시민〉으로 하나님과 언약을 맺은 이스라엘 백성들에게 십계명을 비롯한 613가지의 율법을 주셨습니다. 여기에 덧붙여 또 다른 약속을 명시하십니다.

이스라엘 백성들이 율법을 다 지켜 행하면, 경제와 안보를 책임져 주시겠다고 약속해주셨습니다. 그러나 만약 하나님께서 주신 율법을 지키지 않으면 3단계로 처벌을 받게 될 것이라고 경고하셨습니다.[5]

이 '쌍무 언약'은 예수님의 '새 언약' 때까지 이어지는 중요한 약속이라고 할 수 있습니다.

또 하나, 하나님께서 이스라엘에게 주신 율법에 의하면, 제사장 나라는 애굽(이집트)에서 유월절을 통해 생명을 건진 '이스라엘 민족의 장

---

5) 레위기 26장 1-46절

자들'이 '제사장 나라의 공직자가 되는 나라'였습니다.

그런데 실제적으로는 각 가정의 장자들이 실무를 담당하는 것이 아니고, 이스라엘의 열세 지파 가운데 '레위 지파'[6]가 '각 가정의 장자들을 대신'해 〈제사장 나라〉의 '제사장과 제사를 섬기는 자들로 사명을 담당'하는 것이었습니다.

유월절 어린 양으로 제사장 나라 조직을 만들다

세상의 어떤 나라도 제사를 중심으로 나라를 설립한 예가 없었습니다. 물론 고대에 왕이 제사를 집례하며 나라를 다스린 경우는 있었지만, 왕이 없는 나라에서 제사장이 중심이 되어 나라를 이끄는 경우는 찾아볼 수 없습니다.

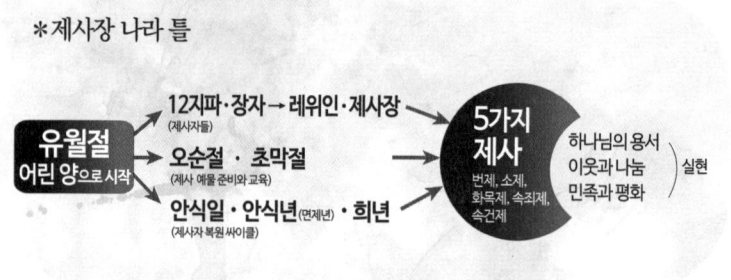

〈제사장 나라〉에서 가장 중요한 것은 하나님께서 정해주신 〈다섯

---

6) 조병호, 《통하는 영적 예배》 (서울, 통독원, 2018) p.35 각주 참조.

가지 제사〉였습니다. 하나님의 통치, 하나님의 위엄이 드러나는 것이 바로 레위기에 기록된 〈다섯 가지 제사〉입니다. 이 다섯 가지 제사를 드릴 때 가장 제사장 나라다워지는 것입니다.

다섯 가지 제사의 시스템이 깨지면 〈제사장 나라〉도 깨집니다. 그러므로 〈제사장 나라〉는 제사를 잘 드릴 수 있도록 끊임없이 제사와 명절을 기념하며 재교육해야 했습니다.

제사장 나라의 제사장과 다섯 가지 제사
: 번제, 소제, 화목제, 속죄제, 속건제

제사는 오직 하나님의 형상을 닮은 인간만이 드릴 수 있습니다. 제사는 공의의 하나님 앞에 죄지은 인간이 나아가 용서를 받는 길입니다. 따라서 제사를 통해 인간은 하나님과 더 깊게 만날 수 있습니다.

그런데 하나님께 올려드리는 '제사'는 제사를 드리려는 사람이 반드시 세 가지를 갖추어야 했습니다. 즉, 첫째 '제물', 둘째 '하나님께서 지정해주신 장소', 그리고 셋째 '제사장'이 있어야만 했습니다. 이것이 〈제사장 나라〉의 '율법'입니다.

노아, 아브라함, 이삭, 야곱의 제사에서는 그들이 제사를 드리는 사람이자 제사장의 역할도 함께했었습니다. 그러나 광야에서 〈제사장 나라〉 조직이 세워지고, 제사장이 정해진 이후부터는 반드시 제사장이 제사를 집례해야만 했습니다.

"너는 이스라엘 자손 중 네 형 아론과 그의 아들들
곧 아론과 아론의 아들들 나답과 아비후와 엘르아살과 이다말을
그와 함께 네게로 나아오게 하여
나를 섬기는 제사장 직분을 행하게 하되"(출 28:1)

〈제사장 나라〉의 율법에 따라, 제사장이 아닌 사람들이 제사를 드리려고 할 경우에는 반드시 제사장의 도움을 받아서 제사를 드려야만 했습니다. 이후에 보면 사울 왕이 제사장의 도움 없이 스스로 제사를 집례하다가 하나님께 버림을 받았습니다.

사무엘이 묻습니다.
"왕이 행하신 것이 무엇이냐"
사울이 대답합니다.
"백성은 내게서 흩어지고 당신은 정한 날 안에 오지 아니하고
블레셋 사람은 믹마스에 모였음을 내가 보았으므로
이에 내가 이르기를
블레셋 사람들이 나를 치러 길갈로 내려오겠거늘
내가 여호와께 은혜를 간구하지 못하였다 하고
부득이하여 번제를 드렸나이다"

사무엘이 사울에게 말합니다.

"왕이 망령되이 행하였도다

왕이 왕의 하나님 여호와께서 왕에게

내리신 명령을 지키지 아니하였도다

그리하였더라면 여호와께서 이스라엘 위에 왕의 나라를

영원히 세우셨을 것이거늘

지금은 왕의 나라가 길지 못할 것이라

여호와께서 왕에게 명령하신 바를

왕이 지키지 아니하였으므로

여호와께서 그의 마음에 맞는 사람을 구하여

여호와께서 그를 그의 백성의 지도자로 삼으셨느니라"

(삼상 13:11-14)

또한 〈제사장 나라〉 법을 어겼다가 나병에 걸리게 된 사람이 바로 웃시야 왕[7]이었습니다.

웃시야 왕이 강성하여지자 그의 마음이 교만하여 악을 행하여

그의 하나님 여호와께 범죄하되

곧 여호와의 성전에 들어가서 향단에 분향하려 합니다.

이때 제사장 아사랴가 여호와의 용맹한 제사장 팔십 명을 데리고

---

[7] 남유다의 왕. 아버지 아마샤에 이어 웃시야도 하나님 보시기에 정직을 행하며 52년간 남유다를 다스림. 그러나 나라가 강성해지자 교만해져서 예루살렘 성전에서 제사를 직접 드리려 함. 제사장의 만류에도 멈추지 않고 향로를 잡고 분향하려는 순간, 이마에 나병이 발병함. 이로 인해 왕 직에서 물러나 죽는 날까지 별궁에서 홀로 보냈음. 자세한 내용은 《제사장 나라 하나님 나라》 (조병호 지음, 통독원 2016) 챕터 17번 참조.

그의 뒤를 따라 들어가서 웃시야 왕 곁에 서서 말합니다.
"웃시야여 여호와께 분향하는 일은 왕이 할 바가 아니요
오직 분향하기 위하여 구별함을 받은
아론의 자손 제사장들이 할 바니
성소에서 나가소서 왕이 범죄하였으니
하나님 여호와에게서 영광을 얻지 못하리이다"

그럼에도 웃시야가 손으로 향로를 잡고
분향하려 하다가 화를 냅니다.
웃시야가 제사장에게 화를 낼 때에
여호와의 전 안 향단 곁 제사장들 앞에서
웃시야의 이마에 나병이 생깁니다. (대하 26:16-19)

모세 때에 하나님께서는 이스라엘 백성들에게 〈제사장 나라〉 조직을 주시면서, 제사장으로서 일할 수 있는 사람과 그렇지 않은 사람을 나누셨습니다. 제사장은 다른 생업에 종사하지 않고 오직 하나님 앞에 드릴 제사를 끊임없이 추동(推動)해야 하는 사람들이었습니다. 〈제사장 나라〉는 제사장 조직이 있어야만 유지되는 나라입니다.

'제사장들이 집례하는 제사'에는 번제, 소제, 화목제, 속죄제, 속건제 이렇게 〈다섯 가지 제사〉가 있습니다.

"이스라엘 자손에게 말하여 이르라

너희 중에 누구든지 여호와께 예물을 드리려거든
가축 중에서 소나 양으로 예물을 드릴지니라"(레 1:2)

〈제사장 나라 거룩한 시민〉으로 하나님과 언약을 맺은 이스라엘 백성들은 '**번제**'를 통해서 '생명의 주인이 하나님'이심을 깨닫고 감사하며 헌신을 다짐했습니다. '**소제**'를 통해서는 '재물의 주인이 하나님'이심을 고백하며, 자신들이 농사지은 곡식으로 제사를 드렸습니다.

'**화목제**'는 하나님과의 화목을 위해서, '하나님께 서원을 드릴 때, 감사한 일이 있을 때, 그리고 이웃과의 나눔을 위해' 하나님께 드리는 제사였습니다. 그래서 화목제물로 준비된 고기는 이웃들과 나눠 먹어야 했습니다. '가진 자의 헌신을 통해 이웃과 나누는 제사'가 화목제였습니다.

'**속죄제**'는 '죄를 범함으로 하나님과의 관계에서 문제가 생겼을 때' 이를 바로잡기 위한 제사였습니다. 죄를 속죄하며 하나님 앞에 나아가 용서를 받음으로 하나님 앞에 살아가는 목숨임을 확인하는 제사가 바로 속죄제였습니다. '**속건제**'는 '이웃에게 손해를 입혔을 때' 하나님께 죄를 자복하고, 손해를 입힌 이웃에게는 '배상'해야 했습니다.

하나님께서 〈제사장 나라 거룩한 시민〉 이스라엘 백성들에게 주신 다섯 가지 제사는 피조물인 인간이 하나님 앞에 나아갈 수 있는 가장 적극적 표현이었습니다. 이렇게 〈제사장 나라〉는 다섯 가지 제사를 통해 하나님의 통치의 본질을 드러냈습니다.

〈제사장 나라〉는 이 다섯 가지 제사를 통해서 진정한 '나라'의 역할을 이루어갔습니다. 먼저 〈제사장 나라〉는 '유월절 어린 양으로 시작한 나라'이며, '성전과 장자로 이끌어가는 나라'입니다. 이러한 〈제사장 나라〉가 꿈꾸며 실현하고자 하는 내용은 첫째, '하나님의 용서가 있는 나라'이고, 둘째, '이웃 사이에 나눔과 거룩이 있는 나라'이며, 셋째, '민족 사이에 평화가 있는 나라'였습니다.

하나님의 뜻이 하늘에서 이루어진 것같이 땅에서도 이루어질 수 있는 그 구체적인 실천이 〈제사장 나라〉에서 가능했던 것입니다.

"세계가 다 내게 속하였나니
너희가 내 말을 잘 듣고 내 언약을 지키면
너희는 모든 민족 중에서 내 소유가 되겠고
너희가 내게 대하여 제사장 나라가 되며
거룩한 백성이 되리라
너는 이 말을 이스라엘 자손에게 전할지니라"(출 19:5-6)

제사장 나라의 3대 명절 : 유월절, 오순절, 초막절

〈제사장 나라〉의 출발은 '유월절 어린 양'이었습니다. 이 사건이 없었다면 다섯 가지 제사를 드릴 수 있는 배경도 만들어질 수 없었을 것

유월절 _ 제라드 졸랭 作

입니다. 또한 유월절이 없으면 오순절과 초막절도 없습니다. 유월절로 〈제사장 나라〉의 모든 조직이 시작되었기 때문입니다. 그러므로 1,500년 유월절이 성찬식의 첫 출발이 된 것입니다.

하나님께서는 〈제사장 나라〉의 출발 명절인 '유월절을 계속 반복해 지킬 것'을 명령하셨습니다. '종 되었던 애굽(이집트)'에서 나왔음을 기억하고 반복하여 기념하라는 것이었습니다. 이는 곧 누군가를 종으로 만들지 말라는 뜻이었습니다.

하나님의 계획은 아브라함의 후손들로 하여금 제국이 아닌, 모든 민족을 위한 〈제사장 나라〉를 만드는 것이었습니다. 그리고 마지막 유월절에 성찬식을 준비하신 예수님은 모든 민족을 위한 '구원 사역'을 준비하신 것입니다. 창세전부터 '구원'을 준비하셨습니다.

"곧 창세 전에 그리스도 안에서 우리를 택하사
우리로 사랑 안에서 그 앞에 거룩하고 흠이 없게 하시려고"(엡 1:4)

'참 것', 예수님의 십자가가 나타나기까지 참 것의 그림자, 그 모형이 준비되었습니다. 즉 만약 유월절이 없었다면, 그 이후의 성막과 성전은 없었을 것입니다. 성막과 성전은 십자가 하늘 성소의 그림자였고, 모세의 율법은 그리스도 복음의 그림자였던 것입니다.

〈제사장 나라〉의 3대 명절인 유월절, 오순절, 초막절은 다섯 가지 제사를 위한 예물을 준비하고 제사 교육을 반복하는 중요한 명절이었습니다.

하나님께서는 이스라엘 백성들에게 '초막절'이 되면 벽이 둘러쳐 있는 안전한 집에서 나와 초막을 짓고 일주일을 그곳에서 지내면서, 출애굽 후의 광야 생활을 기억하고 〈제사장 나라〉의 내용을 가정에서 매년 교육할 것을 명하셨습니다. '유월절'(무교절)[8] 후 50일이 지나면, 그 해의 첫 추수물이 나오는데 그 처음 수확한 열매를 드리는 절기가 '오순절'(칠칠절, 맥추절)[9]이며, 이후 모든 추수들이 끝날 때 그동안 수확한

---

[8] 유대력 1월(아빕월) 14일 저녁에 유월절(Passover)을 지킴으로 시작되어 7일간 무교절(Feast of Unleavened Bread)로 지킴. 출애굽을 기념하기 위한 명절로 아빕월 15일부터 희생제물을 드리며 일주일간 무교병을 먹으며 출애굽을 기념하고, 하나님께 감사하는 절기임.

[9] 오순절(Pentecost)은 '칠칠절', '맥추절', '초실절' 등으로 불림. 오순절은 '칠칠절'의 헬라식 표현임. 유월절 50일 후에 그해 처음 수확한 열매를 봉헌하면서 절기를 지킴. 단 하루 만에 끝이 났으며 이 날은 이웃과 함께 먹고 마심.

추수물을 기뻐하며 감사하는 명절이 '초막절'(수장절)[10]이었습니다.

> "너는 매년 세 번 내게 절기를 지킬지니라
> 너는 **무교병의 절기**를 지키라
> 내가 네게 명령한 대로 아빕월의 정한 때에
> 이레 동안 무교병을 먹을지니
> 이는 그 달에 네가 애굽에서 나왔음이라
> 빈 손으로 내 앞에 나오지 말지니라
> **맥추절**을 지키라
> 이는 네가 수고하여 밭에 뿌린 것의 첫 열매를 거둠이니라
> **수장절**을 지키라
> 이는 네가 수고하여 이룬 것을
> 연말에 밭에서부터 거두어 저장함이니라
> 네 모든 남자는 매년 세 번씩 주 여호와께 보일지니라"(출 23:14-17)

제사장 나라의 3대 절기 : 안식일, 안식년, 희년

〈제사장 나라〉는 유월절과 오순절과 초막절 명절과 함께 안식일,

---

10) 초막절(Feast of Tabernacles)은 '수장절(Feast of Ingathering)', '장막절(The Feast of Tabernacles)' 등으로 불림. 초막절은 유대력 7월(티쉬리월) 15일에 시작하여 일주일간 지킴. 이스라엘은 1년에 세 번 추수를 하며, 이때마다 명절과 연결되어 있음. 겨울 보리를 거두는 무교절, 유월절, 여름 보리와 밀을 거두는 오순절, 포도와 올리브 등 그해의 모든 수확을 끝내며 추수가 끝남을 기뻐하고 감사하는 동시에 40년 출애굽 광야 생활을 기념하며 초막에서 지내는 명절이 초막절임. 첫 날과 팔 일에 안식하며 성회로 모였고, 7일 동안 화제를 드림.

안식년(면제년), 희년을 법으로 지키는 나라였습니다. 〈제사장 나라〉를 시작할 때에는 모든 가정이 똑같은 형편에서 출발했지만 세월이 지나면서 각 가정들의 여러 상황들이 달라짐으로 그 처음 골격이 흐트러질 가능성이 있었습니다.

때문에 하나님께서는 〈제사장 나라〉의 틀을 처음부터 끝까지 유지시키기 위해 '안식일'을 통해 '일주일마다' 바로잡으셨고, '안식년'(면제년)을 통해 '7년마다' 다시 바로잡으셨습니다. 그리고 결정적으로는 50년마다 '희년'을 통해 '근본적으로 리셋(Reset)'하셔서 〈제사장 나라〉의 다섯 가지 제사 전체를 바로잡으셨습니다.

'유월절'의 근거가 '어린 양'이라면, **'안식일'**의 근거는 '창세기 1장'입니다. 하나님께서 엿새 동안 일하시고 일곱째 날 안식하시며 그 날을 복되고 거룩하게 하셨습니다.

"하나님이 그가 하시던 일을 일곱째 날에 마치시니
그가 하시던 모든 일을 그치고
일곱째 날에 안식하시니라"(창 2:2)

"안식일을 기억하여 거룩하게 지키라
엿새 동안은 힘써 네 모든 일을 행할 것이나
일곱째 날은 네 하나님 여호와의 안식일인즉
너나 네 아들이나 네 딸이나

네 남종이나 네 여종이나 네 가축이나
네 문안에 머무는 객이라도
아무 일도 하지 말라

이는 엿새 동안에 나 여호와가 하늘과 땅과 바다와
그 가운데 모든 것을 만들고
일곱째 날에 쉬었음이라
그러므로 나 여호와가 안식일을 복되게 하여
그 날을 거룩하게 하였느니라"(출 20:8-11)

하나님께서 '거룩'하게 하신 안식일에는 종이나 나그네, 심지어 가축들까지 안식할 수 있었습니다. 인간들을 위해 멍에를 메고 열심히 일한 소들도, 심지어 다른 여러 가축들까지도 쉬게 하라는 것입니다. 이것이 하나님께서 가르쳐주신 '거룩'입니다.

"너는 엿새 동안에 네 일을 하고 일곱째 날에는 쉬라
네 소와 나귀가 쉴 것이며
네 여종의 자식과 나그네가 숨을 돌리리라"(출 23:12)

"일곱째 날은 네 하나님 여호와의 안식일인즉
너나 네 아들이나 네 딸이나 네 남종이나
네 여종이나 네 소나 네 나귀나 네 모든 가축이나
네 문 안에 유하는 객이라도 아무 일도 하지 못하게 하고

네 남종이나 네 여종에게 너 같이 안식하게 할지니라"(신 5:14)

'**안식일**'이 일주일마다 반복되는 〈제사장 나라〉의 중요한 제도라면, '**안식년**'(면제년)은 땅과 채무에 관련된 제도로 6년 동안 경작한 땅을 7년째 되는 해에 1년간 안식하도록 하는 제사장 나라의 제도였습니다. 그리고 안식년에는 '그동안 꾸어주었던 것을 탕감하여 채무를 면제'해야 했습니다. 그러므로 안식일, 안식년, 희년은 〈제사장 나라〉에서 그 누구도(종, 나그네까지) 소외되지 않고 다섯 가지 제사를 드릴 수 있도록 만든 장치입니다.

"너는 여섯 해 동안은 너의 땅에 파종하여
그 소산을 거두고 일곱째 해에는 갈지 말고 묵혀두어서
네 백성의 가난한 자들이 먹게 하라
그 남은 것은 들짐승이 먹으리라
네 포도원과 감람원도 그리할지니라"(출 23:10-11)

"매 칠 년 끝에는 면제하라 면제의 규례는 이러하니라
그의 이웃에게 꾸어준 모든 채주는 그것을 면제하고
그의 이웃에게나 그 형제에게 독촉하지 말지니
이는 여호와를 위하여 면제를 선포하였음이라"(신 15:1-2)

"삼가 너는 마음에 악한 생각을 품지 말라
곧 이르기를 일곱째 해 면제년이 가까이 왔다 하고

네 궁핍한 형제를 악한 눈으로 바라보며 아무것도 주지 아니하면
그가 너를 여호와께 호소하리니
그것이 네게 죄가 되리라
너는 반드시 그에게 줄 것이요,
줄 때에는 아끼는 마음을 품지 말 것이니라
이로 말미암아 네 하나님 여호와께서
네가 하는 모든 일과 네 손이 닿는 모든 일에
네게 복을 주시리라"(신 15:9-10)

안식년이 되면 그해에는 농사를 짓지 않고 땅을 쉬게 했습니다. 땅은 쉴 때 인간이 파종하지 않았어도 그동안 뿌려져 있던 남은 씨앗들이 자라 그 땅에 열매가 맺혔습니다. 그렇게 해서 인간이 노동하지 않았지만 그 땅에서는 얼마간의 소출을 얻을 수 있었던 것입니다.

이때 얻게 되는 안식년의 소출은 객과 가난한 자들, 들짐승들의 것이었습니다. 〈제사장 나라〉에서 땅은 하나님의 소유이고, 〈거룩한 시민〉들인 이스라엘 백성들은 땅의 경작권을 가진 자들로 안식년마다 이 생각을 다시 한 번 정리할 수 있었습니다. 하나님께서 말씀하시는 '거룩'의 개념이 땅에서 그대로 적용되는 것입니다.

"일곱째 해에는 그 땅이 쉬어 안식하게 할지니
여호와께 대한 안식이라
너는 그 밭에 파종하거나 포도원을 가꾸지 말며

네가 거둔 후에 자라난 것을 거두지 말고

가꾸지 아니한 포도나무가 맺은 열매를 거두지 말라

이는 땅의 안식년임이니라

안식년의 소출은 너희가 먹을 것이니

너와 네 남종과 네 여종과

네 품꾼과 너와 함께 거류하는 자들과

네 가축과 네 땅에 있는 들짐승들이

다 그 소출로 먹을 것을 삼을지니라"(레 25:4-7)

'희년'은 50년마다 다시 〈제사장 나라〉의 리셋(Reset)을 공포하는 해입니다. 〈제사장 나라〉 시스템이 여타 다른 나라들과 가장 다른 점은 바로 '땅'에 있습니다. 인간이 땅을 소유하지 않는 것이 〈제사장 나라〉의 특징이었습니다.

〈제사장 나라〉는 땅의 소유주가 인간이 아니라, 하나님이심을 드러내는 나라입니다. 때문에 하나님께서는 매 50년마다 즉, 희년마다 처음 하나님께서 제비뽑아 갖게 해주셨던 '땅의 경작권을 모두 제자리로' 돌려놓으셨습니다. 이처럼 희년을 기점으로 이스라엘 백성들은 모두 각자 자신이 맡은 소유지로 돌아갈 수 있었습니다.

"너는 일곱 안식년을 계수할지니

이는 칠 년이 일곱 번인즉

안식년 일곱 번 동안 곧 사십구 년이라

희년 _ 헨리 르 죈 作

일곱째 달 열흘날은 속죄일이니
너는 뿔나팔 소리를 내되 전국에서 뿔나팔을 크게 불지며
너희는 오십 년째 해를 거룩하게 하여
그 땅에 있는 모든 주민을 위하여 자유를 공포하라

이 해는 너희에게 희년이니
너희는 각각 자기의 소유지로 돌아가며
각각 자기의 가족에게로 돌아갈지며
그 오십 년째 해는 너희의 희년이니
너희는 파종하지 말며 스스로 난 것을 거두지 말며
가꾸지 아니한 포도를 거두지 말라
이는 희년이니 너희에게 거룩함이니라

너희는 밭의 소출을 먹으리라
이 희년에는 너희가 각기 자기의 소유지로 돌아갈지라
네 이웃에게 팔든지 네 이웃의 손에서 사거든
너희 각 사람은 그의 형제를 속이지 말라

그 희년 후의 연수를 따라서 너는 이웃에게서 살 것이요
그도 소출을 얻을 연수를 따라서 네게 팔 것인즉
연수가 많으면 너는 그것의 값을 많이 매기고
연수가 적으면 너는 그것의 값을 적게 매길지니
곧 그가 소출의 다소를 따라서 네게 팔 것이라
너희 각 사람은 자기 이웃을 속이지 말고
네 하나님을 경외하라
나는 너희의 하나님 여호와이니라"(레 25:8-17)

1. 제사 2. 절기 3. 명절

이처럼 〈제사장 나라〉는 '유월절 어린 양'으로 시작해, 이스라엘 민족 각 가정의 장자들, 각 가정의 장자들을 대신하게 된 레위인, 레위 지파의 제사장들, 제사장들에 의해 집례되는 다섯 가지 제사가 중요한 뼈대입니다.

그리고 〈제사장 나라〉는 유월

절, 오순절, 초막절의 명절과 안식일, 안식년, 희년의 절기를 지키며 땅의 주인이 하나님이심을 믿고 따르고 다섯 가지 제사로 순종하는 〈거룩한 시민〉들의 나라였습니다.

이러한 〈제사장 나라〉의 기반이 바로 애굽(이집트)에서 '유월절'을 통해 시작되었던 것입니다. 때문에 이스라엘 민족에게 '유월절'은 너무나 중요한 날이었습니다.

모세, 두 번째 유월절을 시내 광야에서 기념하다

사실 애굽에서의 첫 번째 유월절은 경황이 없었습니다. 애굽에서 나오느라 그날이 무엇을 의미하는지 잘 알지 못한 상황에서 그저 순종함으로 믿고 시작한 날이었습니다. 그러나 출애굽 하고 광야에서 지키게 된 두 번째 유월절 때에는 출애굽 당시의 상황을 재현하며 그 의미를 되새기는 명절이 되었습니다.

때문에 광야에서 지킨 두 번째 유월절이 사실 영원한 규례로 대대로 지켜야 할 유월절을 기념한 시작이었다고 할 수 있습니다. 그리고 이스라엘 백성들은 약속의 땅 가나안에 들어가 유월절을 지킬 꿈을 가지게 되었을 것입니다.

애굽 땅에서 나온 다음 해 첫째 달에
여호와께서 시내 광야에서 모세에게 말씀하십니다.
"이스라엘 자손에게 유월절을 그 정한 기일에 지키게 하라

그 정한 기일 곧 이 달 열넷째 날 해 질 때에
너희는 그것을 지키되
그 모든 율례와 그 모든 규례대로 지킬지니라"

그들이 첫째 달 열넷째 날 해 질 때에
시내 광야에서 유월절을 지켰으며
이스라엘 자손이 여호와께서 모세에게 명령하신 것을
다 따라 행하였습니다.(민 9:1-5)

여호수아, 유월절을 약속의 땅 가나안에서 기념하다

　모세의 지도하에 출애굽 한 이스라엘 백성들은 광야에서 〈제사장 나라 거룩한 시민〉의 모든 기틀을 세운 후, 40년간의 광야 생활을 지나 마침내 약속의 땅 가나안에 들어가게 되었습니다. 가나안 입성은 모세의 뒤를 이은 '여호수아'의 지도하에 이루어졌습니다. 이스라엘 백성들은 드디어 '약속의 땅 가나안'에 들어가 '여리고 평지에서 유월절'을 지켰습니다.

"너희는 여호와께서 허락하신 대로
너희에게 주시는 땅에 이를 때에
이 예식을 지킬 것이라"(출 12:25)

"이스라엘 자손들이 길갈에 진 쳤고
그 달 십사일 저녁에는
여리고 평지에서 유월절을 지켰으며"(수 5:10)

이스라엘 백성들이 가나안 땅에 들어가 유월절을 기념하고, 드디어 가나안 땅의 소산을 먹게 되자 그 오랜 기간 하나님께서 광야에서 이스라엘 백성들을 먹이시기 위해 주셨던 만나가 그쳤습니다.

그때부터 가나안 땅에서 얻게 된 소출을 가지고 하나님께 올려드리는 다섯 가지 제사를 드디어 드릴 수 있게 되었습니다.

땅에서 농사지어 수확한 보리 한 움큼이라도 가지고 제사를 드리는 것이 하나님 앞에 나아가는 길이었습니다. 땀 흘림의 수고 끝에 그 땅에서 곡식을 거두어 소제를 드릴 때 그 기쁨은 말로 다 할 수 없었을 것입니다.

사실 하나님께서는 출애굽 이후 40년 동안 인생들의 수고로 드려지는 제사를 기다리셨습니다. 그런데 이제부터 가나안 땅에서 수고한 것으로 제사를 받으시면서 하나님께서는 그동안 기다리셨던 기쁨이 터지셨을 것입니다.

여호수아는 요단 서편 31명의 왕들과 싸워 전쟁에서 승리하고 가나안 정복을 어느 정도 마쳤습니다. 이제 각 지파가 살아갈 땅을 분배하는 시점이 되었습니다. 땅을 분배하는 중요한 원칙은 제사를 드릴 수 있도록 그 기반을 마련하는 것과 각 가족의 수에 따라 분배하는 것이었습니다.

땅이 없으면 농사도 지을 수 없고, 가축도 기를 수 없어서 그 땅의 소산을 얻지 못합니다. 그러면 하나님께 제사를 드릴 수 없습니다. 또한 생계를 이어갈 수 없습니다. 각 가정이 이 땅에 뿌리내리고 살 수 있도록 공평하게 분배하는 일은 너무나 중요했습니다.

이때 여호수아가 선택한 방법은 각 지파별로 제비를 뽑아 땅을 분배하는 방법이었습니다. 제비뽑기는 인간이 원하는 대로 가질 수 있는 방법이 아닙니다. 인간의 생각이나 물리적인 힘이 아닌, 하나님의 절대적인 주권에 순종하겠다는 마음 자세를 그 기반으로 합니다.

정복한 가나안 땅이 하나님의 소유임을 인정하고, 제비뽑기 방식을 하나님의 뜻 가운데 행해지는 공정한 기업 분배 방식으로 받아들여 이를 행했습니다. '계민수전(計民授田)[11] 곧 백성의 숫자를 헤아려서 땅을 분배한다'는 인간 세상에서 도저히 이루어지지 않을 것 같은 일이 성경에서는 이미 여호수아 때 이룬 일입니다.

"오직 그 땅을 제비 뽑아 나누어
그들의 조상 지파의 이름을 따라 얻게 할지니라"(민 26:55)

---

11) '계민수전(計民授田) 곧 백성의 숫자를 헤아려서 땅을 분배함. 고려 말 개혁가 정도전이 이상적인 국가를 꿈꾸며 구상한 토지 제도

"여호와께서 모세에게 명령하신 대로 그들의 기업을 제비 뽑아
아홉 지파와 반 지파에게 주었으니"(수 14:2)

정복 전쟁에서 승리하기 위해 모두 힘을 합하여 정복에 성공했어도 분배 때 협력이 깨어지고 조직이 무너져버리기 쉽습니다. 자칫 잘못하면 각 지파 간에 민족 갈등으로 이어질 수 있는 문제였습니다.

그러나 여호수아는 땅 분배를 제비뽑기로 지혜롭게 성공합니다. 이스라엘 백성들은 각 지파별로 분배받은 땅에서 하나님께 제사를 드리며, 유월절을 지키며 〈제사장 나라 거룩한 시민〉으로 살아가게 되었습니다.

"제사장 엘르아살과 눈의 아들 여호수아와
이스라엘 자손의 지파의 족장들이
실로에 있는 회막 문 여호와 앞에서
제비 뽑아 나눈 기업이 이러하니라
이에 땅 나누는 일을 마쳤더라"(수 19:51)

사무엘, 유월절을 기념하다

가나안에서 하나님과 맺은 〈제사장 나라 거룩한 시민〉의 언약을 지키며, 하나님과 모든 민족 사이에서 평화를 만드는 나라로 우뚝 서게 될 줄 알았던 이스라엘은 안타깝게도 여호수아가 죽고 난 후, 350년 동

안이나 각자 자기 소견에 옳은 대로 살아갔습니다. 이 시대를 '사사 시대'라 일컫습니다.

그러다가 마침내 이스라엘에 350년의 암울한 사사 시대를 종식시킬 지도자가 세워집니다. 그가 바로 '사무엘'입니다.
사무엘은 젖 떼자마자 가정을 떠나 하나님의 언약궤가 있는 실로(Shiloh)에서 살면서 '어려서부터 스승 엘리에게' 〈제사장 나라〉에 대해 잘 배웠습니다.

엘리 제사장이 죽은 후, 사무엘은 전국을 순회하며 온 이스라엘 백성들에게 그들의 조상들이 하나님과 맺은 언약인 〈제사장 나라 거룩한 시민〉에 대해 가르쳤습니다. 그러자 온 이스라엘 백성들이 다시금 그들이 〈제사장 나라 거룩한 시민〉임을 깨닫고 하나님 앞으로 돌아왔습니다.

사무엘은 제사장 나라를 이룰 수 있도록 〈제사장 나라〉 법대로 공정하게 재판했으며, 규정대로 제단을 쌓아 제사를 드렸습니다. 사무엘은 유월절 제사 또한 〈제사장 나라〉 법대로 잘 지켰을 것입니다.
그래서 훗날 역대기를 통해 선지자 사무엘 이후로 이스라엘 가운데 유월절을 이같이 지키지 못했다는 평가를 받을 정도로 사무엘은 온전한 제사를 드리며 유월절을 지켰습니다.

"사무엘이 사는 날 동안에 이스라엘을 다스렸으되

해마다 벧엘과 길갈과 미스바로 순회하여
그 모든 곳에서 이스라엘을 다스렸고 라마로 돌아왔으니
이는 거기에 자기 집이 있음이니라
거기서도 이스라엘을 다스렸으며
또 거기에 여호와를 위하여 제단을 쌓았더라"(삼상 7:15-17)

"선지자 사무엘 이후로 이스라엘 가운데서
유월절을 이같이 지키지 못하였고"(대하 35:18)

그러나 세월이 지나면서 사무엘은 늙고 사무엘의 두 아들은 뇌물을 받고 재판을 하는 등 나라가 다시 혼란스러워지자, 이스라엘 백성들은 사무엘에게 〈제사장 나라〉를 근본적으로 흔드는 왕정을 요구하고 나왔습니다. 왕정 제도를 선택하면 결국 이스라엘 백성들이 '왕의 종'이 될 것이라는 경고를 듣고도 이들의 요구가 끊이지 않았습니다. 그래서 결국 차선의 선택으로 이스라엘이 왕정을 실시하게 되었습니다.

그러나 이스라엘은 왕정을 실시하더라도 근본적으로 그 민족이 하나님과 언약을 맺은 〈제사장 나라〉임을 잊어서는 안 되었습니다. 그런데 이스라엘의 첫 번째 왕 사울이 〈제사장 나라〉에서 가장 중요한 '제사 문제'를 가지고 큰 문제를 일으켰습니다.

사울이 왕이 된 지 2년째 되던 해 이스라엘이 블레셋과 전쟁을 치르게 되었습니다. 이스라엘 백성들은 바닷가의 모래와 같이 많아 보이는 블레셋 군대를 보고 두려움에 떨었습니다. 이때 초조해진 사울 왕은 제사장 사무엘 없이 스스로 '번제'를 드리는 죄를 범했습니다.

〈제사장 나라〉 법에 따라 어떤 사람이라도 '제사'를 드리려면, '제물'을 가지고 '제사장의 도움'을 받아 '하나님의 임재를 상징하는 곳'에서 제사를 드려야만 했습니다.

솔로몬, 유월절을 기념하다

사울의 뒤를 이어 다윗이 이스라엘의 두 번째 왕이 됩니다. 그런데 놀랍게도 다윗은 왕위에 올랐음에도 자신이 〈제사장 나라 거룩한 시민〉이라는 사실을 끝까지 망각하지 않았습니다.

다윗이 그토록 간절하게 원하고 원해서 언약궤를 예루살렘으로 모셔왔던 이유는, 예루살렘에서 하나님께서 주신 '다섯 가지 제사'와 '명절'을 온전하게 지키기 위한 소망이 있었기 때문입니다.

다윗은 노년에 죽음을 앞두고 그의 아들 솔로몬에게 하나님께서 모세를 통해 주신 모든 율법을 다 지켜 행하라는 유언을 남겼습니다. 그것만이 〈제사장 나라 거룩한 시민〉이 살 길이기 때문입니다.

다윗이 죽을 날이 임박하여
그의 아들 솔로몬에게 명령합니다.
"내가 이제 세상 모든 사람이 가는 길로 가게 되었노니

너는 힘써 대장부가 되고
네 하나님 여호와의 명령을 지켜 그 길로 행하여
그 법률과 계명과 율례와 증거를
모세의 율법에 기록된 대로 지키라
그리하면 네가 무엇을 하든지
어디로 가든지 형통할지라"(왕상 2:1-3)

다윗은 예루살렘에서 왕으로 있었을 때에 진심으로 예루살렘에 하나님의 성전을 건축하고 싶어 했습니다. 그러나 하나님께서는 다윗에게 성전 건축은 허락하시되 시공은 다윗의 아들 대(代)에 하라고 말씀하시면서, 성전 건축을 위한 설계도를 직접 주셨습니다.

"다윗이 이르되 여호와의 손이 내게 임하여
이 모든 일의 설계를 그려 나에게 알려 주셨느니라"(대상 28:19)

그러자 다윗은 성전 건축을 위한 모든 준비를 완벽하게 해놓고, 거기에 더 많은 금까지 추가로 준비해서 그의 아들 솔로몬에게 넘겨주었습니다. 그래서 예루살렘 성전이 다윗과 그의 아들 솔로몬에 의해 건축된 것입니다. 솔로몬은 7년에 걸쳐 예루살렘 성전 건축을 끝내고, '성전 낙성식'을 하면서 놀라운 '기도문'을 남겼습니다.

"또 주의 백성 이스라엘에 속하지 아니한 자
곧 주의 이름을 위하여 먼 지방에서 온 이방인이라도

> 그들이 주의 크신 이름과 주의 능한 손과
> 주의 펴신 팔의 소문을 듣고 와서
> 이 성전을 향하여 기도하거든"(왕상 8:41-42)

예루살렘 성전을 통해 드디어 이스라엘 백성들이 하나님과 모든 민족 사이에 평화를 만드는 존재로 나아가게 되었습니다. 그 핵심은 바로 만민이 기도하는 곳, '이방인의 뜰'이었습니다.

예루살렘 성전에 '이방인의 뜰'이 조성되기 전까지는 실제적으로 이스라엘 백성들이 모든 민족을 위한 〈제사장 나라〉를 실천하는 것이 쉽지 않았습니다.

사실 하나님께 기도를 드리려는 이방인들이라면 성소에도 들어가 보고 싶었을 것입니다. 그러나 그곳은 〈제사장 나라 거룩한 시민〉으로 하나님과 언약을 맺은 이스라엘 백성들에게만 허용된 공간이었습니다. 그래서 하나님께서 '이방인의 뜰'을 주심으로 모든 '민족을 위한 성전'이 되게 하셨습니다. 예루살렘 성전으로 말미암아 드디어 모든 민족을 위한 〈제사장 나라〉의 본뜻에 한걸음 더 가까이 다가가게 되었습니다.

"내가 곧 그들을 나의 성산으로 인도하여
기도하는 내 집에서 그들을 기쁘게 할 것이며

성전 낙성식 _ 윌리엄 브레시 홀 作

그들의 번제와 희생을 나의 제단에서 기꺼이 받게 되리니
이는 내 집은 만민이 기도하는 집이라
일컬음이 될 것임이라"(사 56:7)

'솔로몬은 예루살렘 성전 낙성식'을 하면서 '화목제'의 '희생제물'로 소 22,000마리, 그리고 양 120,000마리를 바쳤습니다. 성전 낙성식을

드렸다는 것은 이 행사가 끝이 아니라, 본격적으로 〈다섯 가지 제사〉
와 〈3대 명절〉이 시행된다는 것을 의미했습니다.

하나님께서 주신 설계도대로 온 정성을 다해 지은 솔로몬 성전이
었습니다. 솔로몬은 그 성전에서 '다섯 가지 제사'와 '3대 명절 제사'를
모세의 규례대로 잘 드렸습니다.

"솔로몬이 화목제의 희생제물을 드렸으니
곧 여호와께 드린 소가 **이만 이천 마리요**
양이 **십이만 마리라**
이와 같이 왕과 모든 이스라엘 자손이
여호와의 성전의 봉헌식을 행하였는데
그 날에 왕이 여호와의 성전 앞뜰 가운데를 거룩히 구별하고
거기서 번제와 소제와 감사제물의 기름을 드렸으니
이는 여호와의 앞 놋 제단이 작으므로 번제물과
소제물과 화목제의 기름을 다 용납할 수 없음이라"(왕상 8:63-64)

"그 때에 솔로몬이 칠 일과 칠 일 도합 십사 일간을
우리 하나님 여호와 앞에서 절기로 지켰는데
하맛 어귀에서부터 애굽 강까지의
온 이스라엘의 큰 회중이 모여 그와 함께 하였더니
여덟째 날에 솔로몬이 백성을 돌려보내매
백성이 왕을 위하여 축복하고 자기 장막으로 돌아가는데

여호와께서 그의 종 다윗과 그의 백성 이스라엘에게 베푸신
모든 은혜로 말미암아 기뻐하며
마음에 즐거워하였더라"(왕상 8:65-66)

솔로몬은 하나님께 번제를 드릴 때에 낭실[12] 앞에 쌓은 여호와의 제단 위에 드렸습니다. 낭실은 성전 안으로 들어가는 복도를 가리켰습니다. 솔로몬 성전의 낭실은 길이 20규빗, 폭 10규빗, 높이 30규빗으로 그 안은 정금으로 입혀져 있었습니다.

"성전의 성소 앞 주랑의 길이는
성전의 너비와 같이 이십 규빗이요
그 너비는 성전 앞에서부터 십 규빗이며"(왕상 6:3)

"이 두 기둥을 성전의 주랑 앞에 세우되
오른쪽 기둥을 세우고 그 이름을 야긴이라 하고
왼쪽의 기둥을 세우고 그 이름을 보아스라 하였으며"(왕상 7:21)

"그 성전 앞에 있는 낭실의 길이가
성전의 너비와 같이 이십 규빗이요
높이가 백이십 규빗이니 안에는 순금으로 입혔으며"(대하 3:4)

---

12) 낭실(廊室, colonnade)은 히브리어로 '울람'이라고 함. 성전 앞 벽이 없는 복도, 현관을 말함. 솔로몬 성전의 낭실, 스룹바벨 성전의 낭실, 에스겔 성전의 낭실 등 성전 입구의 현관을 지칭함. 열왕기와 역대기의 '낭실'의 크기가 다름. 열왕기에는 길이 20규빗, 폭 10규빗, 높이 30규빗이며(왕상 7:6), 역대기에는 너비는 20규빗, 높이는 120규빗임(대하 3:4).

솔로몬이 예루살렘 성전을 건축했다는 소식은 고대 근동 전역으로 퍼져나갔습니다. 그러자 수많은 이방인들이 예루살렘 성전의 '이방인의 뜰'을 찾아와 하늘의 하나님께 기도할 수 있는 길이 열리게 되었습니다. 그 대표적인 예가 바로 스바[13] 여왕의 방문이었습니다.

> "스바 여왕이 솔로몬의 지혜와 그가 건축한 궁과
> 그의 상의 음식물과 그의 신하들의 좌석과
> 그의 신하들이 도열한 것과
> 그들의 공복과 술 관원들과 그들의 공복과
> 여호와의 전에 올라가는 층계를 보고
> 정신이 황홀하여 왕께 말하되
> 내가 내 나라에서 당신의 행위와 당신의 지혜에 대하여
> 들은 소문이 진실하도다"(대하 9:3-5)

솔로몬은 그의 아버지 다윗의 유언을 따라 예루살렘 성전에서 모세의 율법대로 매 안식일과 유월절(무교절)과 오순절(칠칠절)과 초막절에 '번제'를 드렸습니다. 그리고 〈제사장 나라〉 법에 따라 '제사장들의 반열'을 정하고, 레위 지파 사람들로 찬송하며 제사장들 앞에서 수종들게 하며 또 문지기들에게 그 반열을 따라 각 문을 지키게 하였습니다.

---

[13] 스바(Sheba)는 스바 여왕이 다스린 땅으로 아라비아의 남서쪽에 위치한 나라이며 오늘날 예멘 지역으로 추정함. 요세푸스가 스바 여왕을 이집트나 에디오피아 여왕으로 언급하여, 이 지역으로도 추정하기도 함. 이곳에는 금이 많이 생산되며, 보석, 향료, 유향 등의 상품을 스바의 상인들이 활발히 무역했음. 인도, 아프리카, 베니게, 두로 등과 교역함. 스바인은 유목민들로 장대한 민족이었음.

"솔로몬이 낭실 앞에 쌓은 여호와의 제단 위에
여호와께 **번제**를 드리되
모세의 명령을 따라
매일의 일과대로 **안식일**과 초하루와 정한 절기
곧 일년의 세 절기 **무교절**과 **칠칠절**과 **초막절**에 드렸더라
솔로몬이 또 그의 아버지 다윗의 규례를 따라
제사장들의 반열을 정하여 섬기게 하고
레위 사람들에게도 그 직분을 맡겨 매일의 일과대로 찬송하며
제사장들 앞에서 수종들게 하며
또 문지기들에게 그 반열을 따라 각 문을 지키게 하였으니
이는 하나님의 사람 다윗이 전에 이렇게 명령하였음이라
제사장들과 레위 사람들이 국고 일에든지 무슨 일에든지
왕이 명령한 바를 전혀 어기지 아니하였더라"(대하 8:12-15)

이와 같이 예루살렘 성전 건축이 모두 끝나고 난 후, 드디어 이스라엘 민족은 하나님과 맺은 언약대로 〈제사장 나라 거룩한 시민〉이 가야 할 길을 제대로 가게 되었습니다.

아브라함의 후손들인 이스라엘 민족이 마침내 '모든 민족을 위한 한 민족'으로 쓰임을 받게 되었습니다. 여기에서 중요한 사실은 바로 이 '예루살렘 성전'에서 '유월절을 기념'했다는 것입니다.

솔로몬은 예루살렘 성전 낙성식과 모든 제사들을 통해 이스라엘이 〈제사장 나라〉라는 사실을 고대 근동 전역에 알렸습니다. 그리고 하나

님께서는 다윗에 이어 솔로몬에게도 하늘 문을 여시고 놀라운 복을 내려주셨습니다. 그런데 안타깝게도 시간이 지나면서 솔로몬의 마음이 그의 아버지 다윗과 달리 하나님으로부터 멀어져가기 시작했습니다.

히스기야, 유월절을 북이스라엘과 함께 기념하다

이스라엘은 '솔로몬이 죽고 난 후', '한 민족 두 국가'로 나뉘어 200년의 세월을 보내게 됩니다.[14]

북이스라엘은 그 200년 동안 19명의 왕(여로보암 1세~호세아)들[15]이 나라를 다스렸는데, 안타깝게도 그들은 하나같이 '다윗의 길'이 아닌 '여로보암의 길'로 나아가며 〈제사장 나라 거룩한 시민〉과는 거리가 먼 삶을 살았습니다. 그리하여 북이스라엘은 200년 만에 앗수르 제국에 의해 멸망하고 혼혈족 '사마리아인'이 되고 말았습니다.

---

14) 이스라엘 왕정 500년

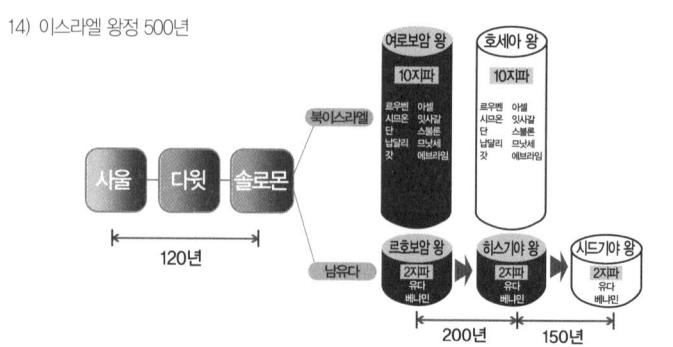

15) 북이스라엘 왕조 : 여로보암(여로보암 1세), 나답, 바아사, 엘라, 시므리, 오므리, 아합, 아하시야, 여호람, 예후, 여호아하스, 요아스, 여로보암 2세, 스가랴, 살룸, 므나헴, 브가히야, 베가, 호세아

반면 남유다는 분단 200년과 그 이후 남유다만 유지된 150년, 즉 350년 동안 계속해서 다윗의 후손들이 나라를 다스렸습니다. 그러나 20명의 왕(르호보암~시드기야)들[16]이 나라를 다스리는 가운데 그들 대부분이 〈제사장 나라 거룩한 시민〉의 사명을 망각했습니다.

그나마 다행이었던 것은, '남유다의 20명의 왕'들 가운데 '히스기야 왕'과 '요시야 왕'은 '유월절'을 지키며 잠시나마 하나님을 기쁘시게 했었다는 사실입니다.

'남유다의 13번째 왕이 된 히스기야'는 이전의 남유다의 왕들과는 달리 예루살렘 성전을 성결하게 했습니다. 히스기야는 레위인들과 함께 성전을 청결하게 하고, 속죄제를 드렸습니다. 그리고 개혁을 통해 마침내 예루살렘 성전에서 다시 유월절을 지키고 기념하고자 했습니다.

그 당시 북이스라엘은 앗수르의 침략으로 멸망의 시간이 다가오고 있었고, 북이스라엘의 마지막 왕 호세아가 겨우 국가의 명맥을 유지하고 있던 때였습니다. 남유다의 왕 히스기야는 이사야 선지자를 통해서 왜 북이스라엘이 멸망하는지에 대해 듣게 되었습니다. 북이스라엘이 하나님과 맺은 언약인 〈제사장 나라 거룩한 시민〉의 사명을 완전히 망각했던 것입니다.

---

16) 남유다 왕조 : 르호보암, 아비얌, 아사, 여호사밧, 여호람(요람), 아하시야, 아달랴, 요아스, 아마샤, 웃시야, 요담, 아하스, 히스기야, 므낫세, 아몬, 요시야, 여호아하스, 여호야김, 여호야긴, 시드기야

"하늘이여 들으라 땅이여 귀를 기울이라
여호와께서 말씀하시기를
내가 자식을 양육하였거늘 그들이 나를 거역하였도다
소는 그 임자를 알고 나귀는 그 주인의 구유를 알건마는
이스라엘은 알지 못하고
나의 백성은 깨닫지 못하는도다 하셨도다"(사 1:2-3)

히스기야 왕은 이스라엘 민족을 한 민족 두 국가로 나누어서라도 〈제사장 나라〉를 온전히 살리려고 하신 하나님의 뜻을 생각했습니다. 그래서 이를 바로잡기 위한 노력으로 '유월절'을 기념하고 지키기로 결심했던 것입니다.

물론 이전에 아사와 여호사밧 왕 때에도 북이스라엘이 하나님께로 돌아오기를 간절히 바라며 북이스라엘과 함께 한마음으로 하나님 앞에 나아가려는 시도가 있기는 했었습니다. 그러나 그 시도가 유월절까지는 이어지지 못했었습니다. 그런데 마침내 히스기야 때에 '북이스라엘과 남유다가 함께 유월절을 드리려는 노력'이 일어났던 것입니다.

"또 유다와 베냐민의 무리를 모으고
에브라임과 므낫세와 시므온 가운데에서 나와서
저희 중에 머물러 사는 자들을 모았으니
이는 이스라엘 사람들이
아사의 하나님 여호와께서 그와 함께 하심을 보고

히스기야의 성전 청결 (The Bible and its story, 1908 삽화)

아사에게로 돌아오는 자가 많았음이더라

아사 왕 제십오년 셋째 달에 그들이 예루살렘에 모이고
그 날에 노략하여 온 물건 중에서 소 칠백 마리와
양 칠천 마리로 여호와께 제사를 지내고
또 마음을 다하고 목숨을 다하여
조상들의 하나님 여호와를 찾기로 언약하고"(대하 15:9-12)

"여호사밧이 예루살렘에 살더니
다시 나가서 브엘세바에서부터 에브라임 산지까지
민간에 두루 다니며 그들을 그들의 조상들의 하나님 여호와께로
돌아오게 하고"(대하 19:4)

히스기야는 단에서부터 브엘세바까지 온 북이스라엘 사람들에게 보발꾼들을 보내 예루살렘으로 와서 함께 유월절을 지키자고 공포했습니다.

히스기야가 유월절을 위해 북이스라엘 백성들을 예루살렘으로 모두 초대한 것은 예배 장소 단일화 원칙 즉, '여호와의 이름을 두기 위해 택하신 곳'이 '예루살렘'임을 재확인함이었습니다. 그리고 예루살렘에서 온 민족이 함께 〈제사장 나라 거룩한 시민〉을 재인식하고 〈제사장 나라〉의 시작이 되었던 '유월절'을 함께 지키고자 했습니다.

히스기야는 북이스라엘이 멸망하는 것이 '제사에 대한 세 가지 규례' 즉, 제물, 제사장, 하나님의 이름을 두려고 택하신 곳을 어기며 살아온 것에 대한 하나님의 처벌이었다고 확신했습니다. 그래서 더 간절히 북이스라엘 백성들을 품으며 '유월절'로 다시 시작하자고 설득했습니다.

히스기야의 마음이 담긴 편지를 들고 보발꾼들이 북이스라엘의 전 지역을 두루 다녔습니다. 그러나 히스기야의 호소를 들은 북이스라엘 사람들은 히스기야를 조롱하고 비웃기까지 했습니다. 그럼에도 불구

하고 다행히 비록 적은 수였지만 북이스라엘 백성 가운데 일부가 '스스로 겸손한 마음'으로 예루살렘으로 내려와 함께 한마음으로 '유월절'을 지키게 되었습니다.

보발꾼들이 왕과 방백들의 편지를 받아 가지고
왕의 명령을 따라 온 이스라엘과 유다에 두루 다니며 전합니다.
"이스라엘 자손들아
너희는 아브라함과 이삭과
이스라엘의 하나님 여호와께로 돌아오라
그리하면 그가 너희 남은 자
곧 앗수르 왕의 손에서 벗어난 자에게로 돌아오시리라
너희 조상들과 너희 형제 같이 하지 말라
그들은 그의 조상들의 하나님 여호와께 범죄하였으므로
여호와께서 멸망하도록 버려 두신 것을
너희가 똑똑히 보는 바니라
그런즉 너희 조상들 같이 목을 곧게 하지 말고
여호와께 돌아와 영원히 거룩하게 하신 전에 들어가서
너희 하나님 여호와를 섬겨 그의 진노가 너희에게서 떠나게 하라

너희가 만일 여호와께 돌아오면
너희 형제들과 너희 자녀가 사로잡은 자들에게서 자비를 입어
다시 이 땅으로 돌아오리라
너희 하나님 여호와는 은혜로우시고 자비하신지라

너희가 그에게로 돌아오면 그의 얼굴을
너희에게서 돌이키지 아니하시리라"(대하 30:6-9)

"보발꾼이 에브라임과 므낫세 지방 각 성읍으로
두루 다녀서 스불론까지 이르렀으나
사람들이 그들을 조롱하며 비웃었더라
그러나 아셀과 므낫세와 스불론 중에서
몇 사람이 스스로 겸손한 마음으로 예루살렘에 이르렀고
하나님의 손이 또한 유다 사람들을 감동시키사
그들에게 왕과 방백들이 여호와의 말씀대로 전한 명령을
한 마음으로 준행하게 하셨더라"(대하 30:10-12)

그런데 정말 아쉽게도 '히스기야'는 정한 날에 유월절을 지키지 못했습니다. 참으로 안타까운 일이었습니다. 히스기야는 기록된 규례대로 유월절을 지키고 싶었지만, '두 가지 이유'로 제 날에 유월절 예식을 치를 수 없었습니다.

첫째는, '성결한 제사장들이 부족'했습니다. 그리고 둘째는, '백성들이 정한 시간까지 예루살렘으로 다 모이지 못했기 때문'입니다. 그래서 히스기야는 궁여지책으로 '한 달을 미루어서' 〈유월절〉을 지킬 수밖에 없었습니다.

너무나 부끄러웠습니다. 그러나 그 부끄러움을 딛고 일어나기 위해 몸부림을 쳤고, 재정비하여 오랫동안 지키지 못했던 유월절을 다시 지키자 예루살렘에 큰 기쁨이 가득하게 되었습니다. 북이스라엘과 남유다의 백성들과 그 땅에서 온 나그네들까지 모두 즐거워한 '유월절'이었습니다.

> "히스기야가 온 이스라엘과 유다에 사람을 보내고
> 또 에브라임과 므낫세에 편지를 보내어
> 예루살렘 여호와의 전에 와서
> 이스라엘 하나님 여호와를 위하여 유월절을 지키라 하니라
>
> 왕이 방백들과 예루살렘 온 회중과 더불어 의논하고
> 둘째 달에 유월절을 지키려 하였으니
> 이는 성결하게 한 제사장들이 부족하고
> 백성도 예루살렘에 모이지 못하였으므로
> 그 정한 때에 지킬수 없었음이라
> 왕과 온 회중이 이 일을 좋게 여기고 드디어 왕이 명령을 내려
> 브엘세바에서부터 단까지 온 이스라엘에 공포하여
> 일제히 예루살렘으로 와서
> 이스라엘 하나님 여호와의 유월절을 지키라 하니
> 이는 기록한 규례대로 오랫동안 지키지 못하였음이더라"
> (대하 30:1-5)

"둘째 달 열넷째 날에 유월절 양을 잡으니

제사장과 레위 사람이 부끄러워하여 성결하게 하고
번제물을 가지고 여호와의 전에 이르러
규례대로 각각 자기들의 처소에 서고
하나님의 사람 모세의 율법을 따라
제사장들이 레위 사람의 손에서 피를 받아 뿌리니라
회중 가운데 많은 사람이 자신들을 성결하게 하지 못하였으므로
레위 사람들이 모든 부정한 사람을 위하여
유월절 양을 잡아
그들로 여호와 앞에서 성결하게 하였으나"(대하 30:15-17)

"유다 온 회중과 제사장들과 레위 사람들과
이스라엘에서 온 모든 회중과 이스라엘 땅에서 나온
나그네들과 유다에 사는 나그네들이 다 즐거워하였으므로
예루살렘에 큰 기쁨이 있었으니
이스라엘 왕 다윗의 아들 솔로몬 때로부터
이러한 기쁨이 예루살렘에 없었더라
그 때에 제사장들과 레위 사람들이 일어나서
백성을 위하여 축복하였으니
그 소리가 하늘에 들리고 그 기도가
여호와의 거룩한 처소 하늘에 이르렀더라"(대하 30:25-27)

히스기야 왕 때에 비록 북이스라엘 전체가 아닌 소수의 사람들로 북이스라엘과 남유다가 함께 감격스럽게 하나님 앞에 유월절을 지키

고 기념했지만, 그럼에도 불구하고 북이스라엘은 지난 200년 동안의 죄로 말미암아 결국 앗수르 제국에 의해 멸망하고 말았습니다.

요시야, 유월절을 모세 기록대로 기념하다

남유다만이 홀로 남아 〈제사장 나라〉를 유지해가게 되었습니다. 그런데 남유다 또한 바람 앞에 등불처럼 나라가 위태해져 갔습니다. 바로 그즈음 남유다의 마지막 희망과 같은 왕이 등장했는데, 그가 바로 '남유다의 16번째 왕이었던 요시야'입니다.

요시야는 여덟 살에 남유다의 왕위에 올랐습니다. 요시야는 그 이후 31년 동안 남유다를 다스렸습니다. 그는 통치 8년째에 하나님을 찾았고, 통치 12년째에는 남유다를 뒤덮고 있던 바알의 신상들을 모두 헐어 버리고 우상들을 깨뜨리면서 '대대적인 종교개혁'에 나섰습니다. 심지어 이미 멸망한 북이스라엘 땅에까지 가서 이방신의 제단을 허물고, 우상들을 부쉈습니다.

"아직도 어렸을 때 곧 왕위에 있은 지
팔 년에 그의 조상 다윗의 하나님을 비로소 찾고
제십이년에 유다와 예루살렘을 비로소 정결하게 하여
그 산당들과 아세라 목상들과 아로새긴 우상들과 부어 만든
우상들을 제거하여 버리매"(대하 34:3)

"므낫세와 에브라임과 시므온과 납달리까지
사면 황폐한 성읍들에도 그렇게 행하여
제단들을 허물며 아세라
목상들과 아로새긴 우상들을 빻아 가루를 만들며
온 이스라엘 땅에 있는 모든 태양상을 찍고
예루살렘으로 돌아왔더라"(대하 34:6-7)

그리고 요시야는 그의 '통치 18년째' 되는 해, 곧 그의 나이 26세가 되었을 때에 예루살렘 성전에서 율법책을 발견하고 '두 번째 종교개혁'을 일으켰습니다.

남유다의 모든 백성들이 예루살렘 성전에 모여 율법책에 기록된 말씀을 읽는 기쁨을 누렸습니다. 그리고 자신들의 조상들을 애굽(이집트)에서 구원하신 '출애굽의 하나님'을 기억하며 '유월절'을 기념했습니다.

대제사장 힐기야가 서기관 사반에게 말합니다.
"내가 여호와의 성전에서 율법책을 발견하였노라"
힐기야가 그 책을 사반에게 주니 사반이 읽습니다.
서기관 사반이 왕에게 돌아가서 보고합니다.
"왕의 신복들이 성전에서 찾아낸 돈을 쏟아
여호와의 성전을 맡은 감독자의 손에 맡겼나이다
또 제사장 힐기야가 내게 책을 주더이다"
사반이 왕의 앞에서 읽습니다.

왕이 율법책의 말을 듣자 곧 그의 옷을 찢습니다.(왕하 22:8-11)

"너희는 가서 나와 백성과 온 유다를 위하여
이 발견한 책의 말씀에 대하여 여호와께 물으라
우리 조상들이 이 책의 말씀을 듣지 아니하며
이 책에 우리를 위하여 기록된 모든 것을 행하지 아니하였으므로
여호와께서 우리에게 내리신 진노가 크도다"(왕하 22:13)

"이에 왕이 여호와의 성전에 올라가매
유다 모든 사람과 예루살렘 주민과 제사장들과 선지자들과
모든 백성이 노소를 막론하고 다 왕과 함께 한지라
왕이 여호와의 성전 안에서 발견한 언약책의
모든 말씀을 읽어 무리의 귀에 들리고
왕이 단 위에 서서 여호와 앞에서 언약을 세우되
마음을 다하고 뜻을 다하여 여호와께 순종하고
그의 계명과 법도와 율례를 지켜
이 책에 기록된 이 언약의 말씀을 이루게 하리라 하매
백성이 다 그 언약을 따르기로 하니라"(왕하 23:2-3)

요시야의 종교개혁은 확실했습니다. 남유다 백성들이 〈제사장 나라 거룩한 시민〉으로 회복되기 위해 우상들을 불사르고, 〈제사장 나라〉의 근본을 회복하기 위해 '유월절'을 다시 온 나라의 명절로 만들어 냈습니다.

요시야 왕이 율법책을 읽는 것을 듣다 _ J. 슈노어 폰 카롤스펠트 作

하나님께서는 성경에 요시야를 '마음과 뜻과 힘을 다해 모세의 모든 율법을 따라 여호와께로 돌이킨 왕'이라고 평가해주셨습니다.

"요시야 왕 열여덟째 해에
예루살렘에서 여호와 앞에 이 유월절을 지켰더라"(왕하 23:23)

"요시야와 같이 마음을 다하며 뜻을 다하며 힘을 다하여
모세의 모든 율법을 따라 여호와께로 돌이킨 왕은
요시야 전에도 없었고 후에도 그와 같은 자가 없었더라"(왕하 23:25)

요시야 왕은 하나님께서 이 시대에 보내신 여러 선지자들의 메시지를 들으며 개혁에 대해 더욱 강한 확신을 가졌습니다. 남유다가 다시 하나님의 말씀대로 행하는 〈제사장 나라〉로 서기를 간절히 바라며 우상들을 척결하고 시대를 개혁했습니다.

요시야 시대에 스바냐 선지자와 예레미야 선지자를 통해 심판의 메시지가 전해졌습니다. 스바냐 선지자는 요시야 왕의 가문의 사람으로서 온몸을 다해 하나님의 율법을 지키려는 요시야 왕에게 큰 힘이 되어주었을 것입니다.

"아몬의 아들 유다 왕 요시야의 시대에
스바냐에게 임한 여호와의 말씀이라
스바냐는 히스기야의 현손이요 아마랴의 증손이요
그다랴의 손자요 구시의 아들이었더라"(습 1:1)

남유다 왕정의 마지막을 목도하며 눈물로 사역했던 예레미야가 요시야 통치 13년에 하나님의 소명을 받고 역사 속에 등장했습니다.

"아몬의 아들 유다 왕 요시야가 다스린 지 십삼 년에
여호와의 말씀이 예레미야에게 임하였고
요시야의 아들 유다의 왕 여호야김 시대부터
요시야의 아들 유다의 왕 시드기야의 십일년 말까지
곧 오월에 예루살렘이 사로잡혀 가기까지 임하니라"(렘 1:2-3)

요시야 통치 13년에 등장한 예레미야는 요시야가 통치 31년째에 죽는 그 순간까지 약 18년간 요시야와 함께 남유다를 새롭게 하는 데 큰 힘을 보탰을 것입니다. 동시에 하나님께서 이미 결정하신 예루살렘을 향한 심판에 대한 메시지와 세계를 경영하시는 하나님의 메시지를 온 나라에 전했습니다.

"요시야 왕 때에 여호와께서 또 내게 이르시되
너는 배역한 이스라엘이 행한 바를 보았느냐
그가 모든 높은 산에 오르며
모든 푸른 나무 아래로 가서 거기서 행음하였도다
그가 이 모든 일들을 행한 후에 내가 말하기를
그가 내게로 돌아오리라 하였으나
아직도 내게로 돌아오지 아니하였고
그의 반역한 자매 유다는 그것을 보았느니라"(렘 3:6-7)

예레미야 선지자는 요시야 왕을 정의와 공의를 행한 왕으로 평가하며 그의 통치를 높였습니다. 그의 죽음을 누구보다 안타까워하며 요시야 왕의 통치를 그리워했습니다.

"예레미야는 그를 위하여 애가를 지었으며
모든 노래하는 남자들과 여자들은 요시야를 슬피 노래하니
이스라엘에 규례가 되어 오늘까지 이르렀으며
그 가사는 애가 중에 기록되었더라"(대하 35:25)

'요시야 하면 유월절이 생각난다'고 이야기할 정도로 성경은 '요시야의 유월절' 내용을 가장 많이 기록해놓았습니다. 다음은 요시야에 대한 성경의 포괄적인 평가입니다.

요시야는 유월절을 드릴 때 자기 소유의 양과 염소 중에서 3만 마리, 수소 3천 마리를 유월절 제물로 내놓았습니다. 앞서 히스기야가 양 7천 마리와 수송아지 1천 마리를 준비한 것과 비교할 때 그 규모가 굉장했습니다.

요시야가 유월절 제물을 이렇게 내놓자, 방백들과 레위인들도 수많은 제물을 내놓았습니다. 그 규모가 수소가 3천 8백 마리, 양과 염소가 4만 마리 가까이였습니다. 유월절 단일 기록들 가운데 가장 대규모였습니다.

물론 솔로몬이 성전 낙성식 때 드린 희생제물이 소가 2만 2천 마리, 양이 12만 마리였습니다. 하지만 그때는 열두 지파 전체였고, '요시야 때'에는 '남유다 두 지파의 유월절 행사'였습니다. 때문에 요시야의 유월절 행사는 실로 대단했다고 평가할 수 있습니다.

구분	솔로몬 성전 낙성식	히스기야 유월절 다음 7일	요시야 유월절
양, 염소	양 120,000마리	양 17,000마리	양, 염소 37,600마리
소, 송아지 등	소 22,000마리	수송아지 2,000마리	수소 3,800마리

"솔로몬 왕이 드린 제물이
소가 이만 이천 마리요 양이 십이만 마리라
이와 같이 왕과 모든 백성이
하나님의 전의 낙성식을 행하니라"(대하 7:5)

"유다 왕 히스기야가 수송아지 천 마리와
양 칠천 마리를 회중에게 주었고
방백들은 수송아지 천 마리와 양 만 마리를 회중에게 주었으며
자신들을 성결하게 한 제사장들도 많았더라"(대하 30:24)

"요시야가 그 모인 모든 이를 위하여 백성들에게
자기의 소유 양 떼 중에서
어린 양과 어린 염소 삼만 마리와 수소 삼천 마리를 내어
유월절 제물로 주매 방백들도 즐거이 희생을 드려
백성과 제사장들과 레위 사람들에게 주었고
하나님의 전을 주장하는 자 힐기야와 스가랴와 여히엘은
제사장들에게 양 이천육백 마리와 수소 삼백 마리를
유월절 제물로 주었고
또 레위 사람들의 우두머리들 곧 고나냐와 그의 형제 스마야와
느다넬과 또 하사뱌와 여이엘과 요사밧은
양 오천 마리와 수소 오백 마리를 레위 사람들에게
유월절 제물로 주었더라"(대하 35:7-9)

요시야는 사무엘 시대 이후 한 번도 규례대로 지켜진 적 없었던 유월절을 온전히 지켰습니다. 요시야 때의 유월절 기록이 성경에 다음과 같이 자세하게 기록되어 있습니다.

1. 제사장들이 그들의 처소에 서고
2. 레위 사람들이 그들의 반열대로 서고
3. 4만 마리 가까이 준비한 유월절 양을 잡고
4. 제사장들이 그 피를 받아 뿌리고
5. 레위인들이 짐승의 가죽을 벗기고
6. 그 제물을 족속의 서열대로 모든 백성에게 나누고
7. 모든 백성이 모세의 책에 기록된 대로 여호와께 드립니다.

이렇게 요시야 왕과 남유다 백성들은 정성껏 준비한 수많은 어린 양을 잡아 하나님이 정해주신 규례대로 그 절차를 따라 유월절을 잘 지켰습니다.

'요시야의 유월절 이야기'는 〈역대기〉 기록에 잘 담겨, 이후 남유다 백성들이 바벨론 포로 70년을 지내고 다시 예루살렘으로 귀환할 때에 귀환공동체에게 희망의 메시지로 전해지게 되었습니다.

요시야 왕이 뭇 백성에게 명령합니다.
"이 언약책에 기록된 대로
너희의 하나님 여호와를 위하여 유월절을 지키라"
사사가 이스라엘을 다스리던 시대부터

**이스라엘 여러 왕의 시대와 유다 여러 왕의 시대에
이렇게 유월절을 지킨 일이 없었더니**
요시야 왕 열여덟째 해에 예루살렘에서
여호와 앞에 이 **유월절을 지켰습니다.**(왕하 23:21-23)

"요시야가 예루살렘에서 여호와께 유월절을 지켜
첫째 달 열넷째 날에 유월절 어린 양을 잡으니라"(대하 35:1)

"이와 같이 당일에 여호와를 섬길 일이 다 준비되매
요시야 왕의 명령대로 유월절을 지키며
번제를 여호와의 제단에 드렸으며
그 때에 모인 이스라엘 자손이 유월절을 지키고
이어서 무교절을 칠 일 동안 지켰으니
**선지자 사무엘 이후로 이스라엘 가운데서
유월절을 이같이 지키지 못하였고
이스라엘 모든 왕들도**
요시야가 제사장들과 레위 사람들과 모인 온 유다와
이스라엘 무리와 예루살렘 주민과 함께 지킨 것처럼은
유월절을 지키지 못하였더라
요시야가 왕위에 있은 지 열여덟째 해에
이 **유월절을 지켰더라**"(대하 35:16-19)

남유다는 안타깝게도 20명의 왕들 가운데 히스기야 왕과 요시야 왕 정도만 겨우 '유월절'을 지키며 하나님 앞에 〈제사장 나라 거룩한 시민〉의 사명을 되새겼습니다. 이 같은 노력에도 불구하고 돌이키지 않는 남유다의 죄악으로 인해 하나님께서는 진노를 돌이키지 않으시고 끝내 남유다 왕정을 총결산하셨습니다.

passover . communion

chapter 3

예레미야, 바벨론 포로 70년을 통해 예수님의 '새 언약'을 예고하다

하나님께서 이스라엘 민족에게 '애굽(이집트)에서의 노예 생활'을 경험하게 하신 이유는, 그들이 나라를 세울 때에 애굽과 같은 제국이 아닌, 〈제사장 나라〉를 만들게 하시기 위함이었습니다.

다른 민족을 힘으로 누르고 억압하는 제국의 폐해를 온몸으로 경험한 이스라엘이 출애굽 하여 세워야 하는 나라는 반드시 '모든 민족'을 복 받게 하는 '평화를 만드는 나라'가 되어야 했기 때문입니다.

그런데 이스라엘 민족은 출애굽 하여 약속의 땅 가나안에 들어간 후 하나님과 맺은 언약인 〈제사장 나라 거룩한 시민〉의 사명을 모두 망각한 채 하나님으로부터 멀어졌고, 심지어 우상까지 섬기며 죄의 길로 치달았습니다.

예레미야, 레위기 26장으로 새 언약을 예고하다

하나님께서는 많은 선지자들을 이스라엘 백성들에게 보내셔서 이들이 하나님과 맺은 언약을 지키지 않았을 때, 레위기에서 이미 말씀하셨던 처벌에 대해 다시 경고하셨습니다.

> "그러나 너희가 내게 청종하지 아니하여
> 이 모든 명령을 준행하지 아니하며
> 너희가 나를 거슬러 내게 청종하지 아니할진대
> 내가 너희의 죄대로
> 너희에게 일곱 배나 더 재앙을 내릴 것이라
>
> 이런 일을 당하여도 너희가 내게로 돌아오지 아니하고
> 내게 대항할진대 나 곧 나도 너희에게 대항하여
> 너희 죄로 말미암아 너희를 칠 배나 더 치리라
>
> 너희가 이같이 될지라도 내게 청종하지 아니하고
> 내게 대항할진대 내가 진노로 너희에게 대항하되
> 너희의 죄로 말미암아 칠 배나 더 징벌하리니"
>
> (레 26:14, 21, 23-24, 27-28)

그럼에도 불구하고 이스라엘 백성들은 한 민족 두 국가를 통해서도 끝내 하나님과 맺은 언약인 〈제사장 나라 거룩한 시민〉으로 돌아

오지 않았습니다. 그래서 그들은 결국 하나님께서 모세 때에 주신 율법에 따라 〈레위기 26장〉에 기록된 대로 '처벌'을 받아야만 했던 것입니다.

하나님께서 아브라함의 후손들인 '이스라엘 백성들에게 기대'하셨던 것은, 제사를 통해 하나님의 용서가 있는 나라, 그리고 이웃과는 나눔과 거룩을 실천하는 나라였습니다.

또한 하나님께서 그들을 애굽(이집트)의 종 되었던 집에서 이끌어내신 '유월절'을 기념하며, 그렇게 '〈제사장 나라〉의 법대로 살 것'을 기대하셨습니다. 그런데 이스라엘은 안타깝게도 하나님의 모든 기대를 다 저버렸습니다.

"사실은 내가 너희 조상들을 애굽 땅에서 인도하여 낸 날에
번제나 희생에 대하여 말하지 아니하며 명령하지 아니하고
오직 내가 이것을 그들에게 명령하여 이르기를
너희는 내 목소리를 들으라
그리하면 나는 너희 하나님이 되겠고 너희는 내 백성이 되리라
너희는 내가 명령한 모든 길로 걸어가라

그리하면 복을 받으리라 하였으나 그들이 순종하지 아니하며
귀를 기울이지도 아니하고
자신들의 악한 마음의 꾀와 완악한 대로 행하여
그 등을 내게로 돌리고 그 얼굴을 향하지 아니하였으며

너희 조상들이 애굽 땅에서 나온 날부터 오늘까지
내가 내 종 선지자들을 너희에게 보내되 끊임없이 보내었으나
너희가 나에게 순종하지 아니하며
귀를 기울이지 아니하고 목을 굳게 하여
너희 조상들보다 악을 더 행하였느니라"(렘 7:22-26)

그래서 남유다 백성들이 바벨론 포로로 끌려가 과거 그들의 조상들이 애굽(이집트)에서 노예 생활을 했던 것처럼, 그들도 바벨론에서 노예 생활을 하게 되었던 것입니다.

그들의 조상들은 과거에 '광야에서 40년 동안 모세를 통해' 〈제사장 나라〉 교육을 받았습니다. 그때처럼 그들도 '바벨론에서 70년 동안 예레미야의 편지와 에스겔[17]의 가르침을 통해' 〈제사장 나라〉 재교육을 받아야 했습니다.

예레미야 선지자는 남유다가 아직 바벨론에 의해 완전히 멸망하기 전에 남유다 백성들에게 하나님의 뜻을 전했습니다. 하나님께서는 남유다의 죄로 말미암아 그들에 대한 심판을 이미 결정하셨으니 이제는 돌이켜 회개하고, 국가의 깃발을 내리고, 순순히 바벨론 포로로 끌려가라는 내용이었습니다.

---

17) 에스겔(Ezekiel)은 사독의 자손 제사장 부시의 아들로 바벨론 포로 생활 초기의 선지자. 제사장 가문의 일원으로 그 누구보다 더 제사장에 대한 규례와 전통, 성전과 성전 기구들에 대한 지식이 능통했음. B.C.598년 2차 바벨론 포로로 잡혀가 그발 강가에 거하며 약 22년간 사역함. 바벨론에 끌려온 남유다 백성들에게 하나님의 뜻을 전하며 그곳에 잘 정착하도록 설득함. '소망의 선지자'로 불림.

바벨론 포로들, 옛 언약을 깊이 생각하다

남유다 백성들은 북이스라엘이 앗수르 제국에 의해 멸망한 뒤 150여 년간 홀로 존립하면서도 끝내 죄악에서 돌이키지 않음으로 결국 바벨론 포로로 끌려가야만 했습니다.

그들이 〈제사장 나라〉의 법을 지키지 않았고, 하나님과 맺은 언약을 따르지 않았기 때문에 처벌을 받게 된 것입니다.

예레미야 선지자는 남유다 백성들에게 '모세 언약' 즉, 이스라엘 백성들이 시내산에서 하나님과 언약을 맺으면서 "다 준행하겠습니다"라고 맹세했던 것을 상기시켰습니다.

그리고 그들이 약속의 땅 가나안에 들어온 이래로 지난 900여 년 동안 하나님과 맺은 그 언약을 준행하지 않은 것에 대해 당연히 처벌받아야 한다는 사실에 대해 말했습니다.

그러므로 남유다 백성들이 바벨론 포로로 끌려가야 하는 것은, 억울한 것이 아니라 하나님과 맺은 언약을 지키지 않은 것에 대한 당연한 처벌이었습니다.

그런데 남유다 백성들이 '바벨론 포로로 끌려가는 것'은 그들의 죄에 대한 처벌로 받는 '징계'이지만, 70년 동안 '〈제사장 나라 거룩한 시민〉 재교육'을 받음으로 그들은 오히려 극상품 무화과나무가 되어 다시 〈제사장 나라 거룩한 시민〉으로 거듭나는 것입니다.

'바벨론 포로 70년'은 진정한 의미에서 오히려 감사한 일이었습니다. 하나님께서는 예레미야 선지자를 통해 남유다 백성들에게 이러한 '바벨론 포로 70년의 의미'를 가르쳐주셨습니다.

그런데 남유다의 입장에서는 예레미야 선지자를 통한 하나님의 말씀을 이해할 수가 없었습니다. 회개하면 용서해주시고 그들을 다시 보호해주시겠다는 것이 아니라, 바벨론에 항복하고 순순히 포로로 끌려가라는 것을 그들은 받아들일 수 없었던 것입니다.

하나님께서는 언제나 기다려주시고 용서만 해주시는 분이라고 그들 마음대로 하나님을 정의해 놓았기 때문입니다. 죄에 대해 반드시 처벌하시는 '공의의 하나님'에 대해 그들은 간과했던 것입니다.
사실 그들은 〈레위기 26장〉에 이미 언급되어 있는 죄에 대한 하나님의 처벌에 대해서는 들으려 하지도 않았습니다. 결국 〈제사장 나라〉법을 지키지 않은 날수는 쌓여가고 마침내 예레미야 선지자 때에 〈제사장 나라〉가 변곡점에 이르게 되었습니다.

남유다는 예레미야 선지자의 말에 따르지 않고 끝까지 항복하지 않고 버티다가 결국 바벨론 제국에 의해 멸망했습니다.
남유다 백성들은 대부분 바벨론 포로로 끌려가게 되었는데, 이들의 처음 모습은 마치 '돌감람나무'들과 같았습니다. 도무지 '바벨론 포로 70년'을 징계로 받아들이려 하지 않았습니다.

그들은 스스로의 죄악을 돌아보기는커녕 하나님께서 힘이 없으셔서 바벨론으로부터 자신들을 구해주지 못하셨고, 조상들의 잘못 때문에 자신들이 괜히 처벌을 받는다고 불평했습니다. 그리고 바벨론에서 70년이 아닌, 하루라도 빨리 예루살렘으로 돌아가려고만 했습니다.

"너희가 이스라엘 땅에 관한 속담에 이르기를
아버지가 신 포도를 먹었으므로
그의 아들의 이가 시다고 함은 어찌 됨이냐"(겔 18:2)

이들을 향해 예레미야 선지자와 에스겔 선지자는 계속 그들을 설득하고, 또 설득했습니다. 하나님의 '징계'는 각 사람이 범한 죄악 때문이며, '바벨론 포로 70년'을 회개의 기간이자 재교육의 기간으로 잘 받아들이면 극상품 무화과나무가 될 것이라고 그들의 오해를 풀어주며 하나님의 뜻을 가르쳤습니다.

"범죄하는 그 영혼은 죽을지라
아들은 아버지의 죄악을 담당하지 아니할 것이요
아버지는 아들의 죄악을 담당하지 아니하리니
의인의 공의도 자기에게로 돌아가고
악인의 악도 자기에게로 돌아가리라"(겔 18:20)

"내가 그들에게 한 마음을 주고 그 속에 새 영을 주며

그 몸에서 돌 같은 마음을 제거하고
살처럼 부드러운 마음을 주어 내 율례를 따르며
내 규례를 지켜 행하게 하리니
그들은 내 백성이 되고
나는 그들의 하나님이 되리라"(겔 11:19-20)

하나님께서 결정하신 남유다 백성들의 '바벨론 포로 70년'은 〈제사장 나라〉 법을 지키지 않음으로 받게 되는 '징계의 70년'이었습니다.

남유다 백성들은 처음에는 하나님을 오해하고 '바벨론 포로 70년'을 받아들이려 하지 않았지만, 예레미야 선지자의 간절한 편지와 에스겔 선지자의 진실한 가르침으로 말미암아 차츰 마음을 열기 시작했습니다.

놀라운 사실은, 그 기간 동안 남유다 백성들은 바벨론 포로 생활을 하면서 바벨론 사람들로부터 '유대인'이라 불리며 오히려 '월등한 민족'으로 〈제사장 나라 거룩한 시민〉으로 거듭나게 되었습니다.

그래서 그들은 예레미야 선지자가 전한 하나님의 명령대로 바벨론에서 집을 짓고, 텃밭을 만들고, 결혼해 자녀를 낳고, 바벨론 제국이 70년 동안 평안하기를 부르짖으며 기도했습니다.

바벨론이 평안하지 못하면, 남유다 포로들은 바벨론의 전쟁에 동원되어야 하고, 자녀들을 〈제사장 나라 거룩한 시민〉으로 교육할 수 없기 때문이었습니다. 그들은 또한 에스겔 선지자를 통한 하나님의 말

바벨론 강가에서 _ 에블린 드 모건 作

씀을 들고 예루살렘 성전이 불타 버린 고통을 끌어안으며 그 징계의 기간을 달게 받았습니다.

"너희는 집을 짓고 거기에 살며
텃밭을 만들고 그 열매를 먹으라 아내를 맞이하여 자녀를 낳으며
너희 아들이 아내를 맞이하며 너희 딸이 남편을 맞아
그들로 자녀를 낳게 하여 너희가 **거기에서 번성**하고
줄어들지 아니하게 하라
너희는 내가 사로잡혀 가게 한 그 성읍의 평안을 구하고
그를 위하여 여호와께 기도하라
이는 그 성읍이 평안함으로 너희도 평안할 것임이라"(렘 29:5-7)

남유다가 멸망하여 '바벨론 포로'로 끌려가게 된 이유에 대해 '1차 바벨론 포로'였던 다니엘은, 남유다가 〈제사장 나라〉 경영을 잘못했기

때문이라고 정확하게 지적했습니다.

"온 이스라엘이 주의 율법을 범하고 치우쳐 가서
주의 목소리를 듣지 아니하였으므로
이 저주가 우리에게 내렸으되
곧 하나님의 종 모세의 율법에 기록된 맹세대로 되었사오니
이는 우리가 주께 범죄하였음이니이다"(단 9:11)

다니엘은 바벨론에서 '옛 언약'에 대해 깊이 생각하고 중요한 결단을 했습니다. 다니엘은 하루에 세 번씩 예루살렘을 향해 기도하면서 예루살렘 성전에서 드렸던 '다섯 가지 제사'와 '유월절'이 다시 회복되기를 소망했습니다.

"다니엘이 이 조서에 왕의 도장이 찍힌 것을 알고도
자기 집에 돌아가서는 윗방에 올라가
예루살렘으로 향한 창문을 열고
전에 하던 대로 하루 세 번씩 무릎을 꿇고 기도하며
그의 하나님께 감사하였더라"(단 6:10)

그리고 '2차 바벨론 포로'였던 에스겔 선지자 또한 바벨론에서 절망에 빠져 있는 남유다 백성들에게 하나님의 뜻을 전달하는 파수꾼의 사명을 받고 바벨론 포로들이 다시 〈제사장 나라 거룩한 시민〉으로 준비될 수 있도록 이끌었습니다.

"서른째 해 넷째 달 초닷새에
내가 그발 강 가 사로잡힌 자 중에 있을 때에
하늘이 열리며 하나님의 모습이 내게 보이니
여호야긴 왕이 사로잡힌 지 오 년 그 달 초닷새라
갈대아 땅 그발 강 가에서 여호와의 말씀이
부시의 아들 제사장 나 에스겔에게 특별히 임하고
여호와의 권능이 내 위에 있으니라"(겔 1:1-3)

"인자야 내가 너를 이스라엘 족속의 파수꾼으로 세웠으니
너는 내 입의 말을 듣고 나를 대신하여 그들을 깨우치라"(겔 3:17)

남유다 백성들이 지낸 '바벨론 포로 70년'은, '징계'와 '교육'과 예루살렘 땅의 '안식'과 '바벨론 제국의 수명'이라는 의미들이 이렇게 많이 담겨 있었습니다. 그런데 '바벨론 포로 70년'을 통한 하나님의 가장 큰 뜻은 이미 〈레위기 26장〉에 담겨 있었습니다.

놀랍게도 〈레위기 26장〉에는 '옛 언약과 새 언약이 동시에' 들어 있었고 그 '옛 언약'과 '새 언약' 사이의 징검다리가 바로 '바벨론 포로'였습니다.

즉, 레위기 26장에는 〈아브라함 언약, 모세 언약, 예수님의 새 언약〉이 모두 들어 있습니다. '아브라함 언약'과 '모세 언약'은 이미 다 체결된 것입니다. 그리고 '예수님의 새 언약'이 어떻게 나올 것인지에 대한 스케치가 들어 있습니다.

'아브라함 언약'은 하나님께 의무가 더 많은 '은혜 언약'이었지만, '모세 언약'은 하나님과 인간 쌍방이 합의하에 체결한 '쌍무 언약'이었습니다.[18]

이스라엘 백성들이 하나님과 맺은 언약을 제대로 이행하지 않으면 하나님께서는 '모세 언약의 내용'을 기준으로 처벌하시겠다는 것입니다. '쌍무 언약'의 한 축이셨던 하나님께서는 끝까지 신실하셨는데, 이스라엘 백성들은 언약을 이행하지 않았음은 물론이고 수많은 경고에 대해서도 끝내 귀를 기울이지 않았습니다.

그러자 하나님께서는 이스라엘 백성들에게 '모세 언약'에 의해 그들은 그들의 죄에 대한 처벌을 받되, 그 '처벌을 달게 받으면' 하나님 쪽에 더 큰 책임이 있는 '아브라함 언약' 곧 '은혜 언약'을 기억하셔서 '그들을 다시 새롭게 하실 것'이라고 말씀하셨습니다.

'쌍무 언약'은 무리한 언약이 아니었습니다. 그런데도 그 언약을 제대로 지키지 못하는 인간의 한계를 절감하며 인간은 절망할 수밖에 없습니다. 그러나 그 인간의 한계를 알고, 인간을 향한 하나님의 은혜에 대한 고마움을 마음 깊이 깨달으면 하나님께서는 '은혜 언약'으로 우리를 다시 끌어안으실 것입니다.

---

18) 은혜 언약(covenant of grace)과 쌍무 언약(bilateral covenant) : 언약이란 당사자가 서로를 위해 어떤 일을 하기로 합의하여 이루어진 협약임. 하나님과의 언약이란 하나님과 인간 사이에 맺은 약속임. 은혜 언약은 하나님과 은혜 아래에 이루어진 무조건적인 언약으로 아브라함, 이삭, 야곱에게 주신 언약(창 12:2-3)과 다윗에게 주신 언약(삼하 6:9-16)이 대표적임. 쌍무 언약은 계약 당사자들이 합의하에 서로 의무를 부담하는 조건적 언약임. 모세 언약(출 19:5-8)이 이에 해당함.

이 하나님의 약속은 예수님께서 이 땅에 오셔서 '성찬식'을 통해서 '새 언약'을 세우심으로 가장 큰 은혜로 이행됩니다.

〈레위기 26장〉 이야기의 궁극적인 목적은, '죄에 대한 형벌을 기쁘게 받으면' 하나님께서 아브라함과 맺은 언약인 '은혜 언약'을 기억하시며 다시 '새 언약의 자리로 초대'하신다는 것입니다.

그러므로 '옛 언약'과 '새 언약'의 징검다리인 '예레미야를 통한 새 언약 예고'가 바로 '바벨론 포로 70년'이며, 예레미야라는 징검다리를 거쳐야 '예수님의 새 언약'이 나올 수 있습니다. 그리고 그 '새 언약'은 '유월절을 통한 성찬식'이었습니다.

"그들이 나를 거스른 잘못으로 자기의 죄악과
그들의 조상의 죄악을 자복하고
또 그들이 내게 대항하므로 나도 그들에게 대항하여
내가 그들을 그들의 원수들의 땅으로 끌어 갔음을 깨닫고
그 할례 받지 아니한 그들의 마음이 낮아져서
그들의 죄악의 형벌을 기쁘게 받으면
내가 야곱과 맺은 내 언약과 이삭과 맺은 내 언약을 기억하며
아브라함과 맺은 내 언약을 기억하고 그 땅을 기억하리라

그들이 내 법도를 싫어하며 내 규례를 멸시하였으므로
그 땅을 떠나서 사람이 없을 때에

> 그 땅은 황폐하여 안식을 누릴 것이요
> 그들은 자기 죄악의 형벌을 기쁘게 받으리라
> 그런즉 그들이 그들의 원수들의 땅에 있을 때에
> 내가 그들을 내버리지 아니하며 미워하지 아니하며
> 아주 멸하지 아니하고 그들과 맺은 내 언약을 폐하지 아니하리니
> 나는 여호와 그들의 하나님이 됨이니라
>
> 내가 그들의 하나님이 되기 위하여 민족들이 보는 앞에서
> 애굽 땅으로부터 그들을 인도하여 낸 그들의 조상과의 언약을
> 그들을 위하여 기억하리라 나는 여호와이니라"(레 26:40-45)

"여호와의 말씀이니라 보라 날이 이르리니
내가 이스라엘 집과 유다 집에 새 언약을 맺으리라"(렘 31:31)

남유다 백성들이 바벨론에서 70년 동안 포로 생활을 하는 동안 고대 근동의 많은 나라의 백성들도 남유다처럼 바벨론에 포로로 끌려와 있었습니다. 그런데 남유다를 제외한 다른 나라의 포로들은 모든 희망을 다 잃고 좌절하는 시간들을 보냈습니다.

그러나 남유다는 '바벨론 포로 70년'의 의미를 예레미야 선지자의 편지와 에스겔 선지자의 가르침을 통해 깨닫게 되었습니다. 그러자 그들은 〈제사장 나라 거룩한 시민〉으로 다시 교육받아야겠다는 결단을 하게 되었고, 전보다 더 월등한 민족 '유대인'으로 거듭나게 되었습

니다.

하나님께서 계획하셨던 '바벨론 포로 70년' 동안의 '남유다의 교육 프로그램'은 '소독'이었습니다. 하나님께서는 녹슨 가마와 같은 예루살렘과 녹슨 아브라함의 후손들을 먼저 깨끗하게 소독하신 후에 다시 〈제사장 나라 거룩한 시민〉으로 재교육을 실시하셨습니다.

"가마가 빈 후에는 숯불 위에 놓아 뜨겁게 하며
그 가마의 놋을 달궈서 그 속에 더러운 것을 녹게 하며
녹이 소멸되게 하라"(겔 24:11)

이렇게 남유다 백성들이 바벨론에서 소독되고 재교육 받는 동안 '예루살렘 땅'은 지난 900년간 누리지 못했던 '안식'을 한꺼번에 누렸습니다. 지난 900년 동안 아브라함의 후손들인 이스라엘 백성들이 예루살렘에서 지키지 않은 '안식일'과 '안식년'과 '희년'의 날수가 무려 '70년'이나 되었던 것입니다. 하나님께서는 그 날들을 계수하셨다가 예루살렘 땅을 안식하게 하셨습니다.

"너희가 원수의 땅에 살 동안에
너희의 본토가 황무할 것이므로 땅이 안식을 누릴 것이라
그 때에 땅이 안식을 누리니
너희가 그 땅에 거주하는 동안 너희가 안식할 때에
땅은 쉬지 못하였으나

그 땅이 황무할 동안에는 쉬게 되리라"(레 26:34-35)

출애굽 이후 약속의 땅 가나안에 들어간 이래로 남유다 백성들이 지난 900년 동안 '안식일'을 제대로 지켰다면, 1년에 52번 하나님과 깊은 교제가 있는 온전한 제사장 나라가 되었을 것입니다. 그리고 그들이 매 7년마다 '안식년'을 모두 제대로 지켰다면, 땅은 쉼을 얻고 가난한 이들과 고아와 나그네들까지 제사장 나라의 배려 속에서 함께 제사를 드리며 살았을 것입니다.

또한 그들이 매 50년마다 '희년'을 잘 지키고 살았더라면, 땅은 50년마다 원래의 모습을 되찾음으로 늘 회복되어 서로 갈등이 없는 공평한 제사장 나라의 행복을 맛보았을 것입니다.
더 나아가 남유다 백성들이 지난 900년 동안 '유월절', '오순절', '초막절' 명절을 잘 지키며 살았더라면 하나님께서 국방과 경제를 책임져 주시고, 모든 민족 사이에 평화가 이루어졌을 것입니다.

그러나 남유다 백성들은 그들의 조상과 그들의 죄로 인해 예루살렘 성전마저 불타 없어지게 했던 것입니다. 예루살렘은 70년 동안 〈제사장 나라〉의 도시가 아니라, 여우들이 다니는 곳이 되었습니다.

"시온 산이 황폐하여 여우가 그 안에서 노나이다"(애 5:18)

이처럼 남유다 백성들이 바벨론에서 그들의 죄에 대한 처벌로

70년 동안 '징계'를 받고, 〈제사장 나라 거룩한 시민〉으로 '교육'을 받는 동안, 예루살렘 땅은 지난 900년간 누리지 못했던 땅의 '안식'을 누렸습니다.

그렇게 남유다 백성들이 바벨론에서 예레미야 선지자의 예언대로 극상품 무화과나무가 되어가고 있을 무렵, 정말 어느 날 갑자기 '바벨론 제국의 수명'이 끝이 났습니다. 하나님의 말씀대로 '제국'은 '세계를 경영하시는 하나님의 도구'일 뿐입니다.

"곧 그 통치 원년에 나 다니엘이 책을 통해
여호와께서 말씀으로 선지자 예레미야에게 알려 주신
그 연수를 깨달았나니 곧 예루살렘의 황폐함이
칠십 년만에 그치리라 하신 것이니라"(단9:2)

처음에 '바벨론 포로 70년'이라는 하나님의 결정을 남유다 동족들에게 전해야만 했던 '예레미야 선지자의 사역'은 말로 다 할 수 없는 고난이었습니다. 얼굴을 맞기도 하고, 웅덩이에 갇히기도 하며, 죽을 고비를 넘겨야 했음에도 불구하고 예레미야 선지자는 온 힘을 다해 하나님의 뜻을 전하고 또 전했습니다.

'예레미야'는 이렇게 죄에 대한 처벌을 인식시키는 동시에 가장 중요한 메시지를 던집니다. 즉 바벨론 포로로 끌려간 남유다 백성들에게 지금은 처벌을 받고 있지만, 그 처벌이 끝이 아니라는 것입니다. '너희를 향한 하나님의 생각'은 재앙이 아니라 오히려 평안이며, '미래와 희망'을 주는 것이라는 사실을 알려주었습니다.

"여호와께서 이와 같이 말씀하시니라
바벨론에서 칠십 년이 차면 내가 너희를 돌보고
나의 선한 말을 너희에게 성취하여
너희를 이 곳으로 돌아오게 하리라

여호와의 말씀이니라
너희를 향한 나의 생각을 내가 아나니 평안이요
재앙이 아니니라 너희에게 미래와 희망을 주는 것이니라
너희가 내게 부르짖으며 내게 와서 기도하면
내가 너희들의 기도를 들을 것이요
너희가 온 마음으로 나를 구하면
나를 찾을 것이요 나를 만나리라

이것은 여호와의 말씀이니라
나는 너희들을 만날 것이며
너희를 포로된 중에서 다시 돌아오게 하되
내가 쫓아 보내었던 나라들과 모든 곳에서 모아
사로잡혀 떠났던 그 곳으로 돌아오게 하리라
이것은 여호와의 말씀이니라" (렘 29:10-14)

극상품 무화과나무들, 다시 유월절을 기념하다

하나님께서는 바벨론에서 70년 동안 극상품 무화과나무가 된 남유다 백성들에게 새 희망을 주셨습니다. 아브라함과 맺으셨던 '옛 언약'을 기억하시며 '새 언약'을 주시겠다는 약속을 하신 것입니다. 더불어 에스겔 선지자를 통해 그들이 앞으로 '유월절'을 다시 지키게 될 것이라고 말씀해주셨습니다.

"첫째 달 열나흗날에는
유월절을 칠 일 동안 명절로 지키며 누룩 없는 떡을 먹을 것이라
그 날에 왕은 자기와 이 땅 모든 백성을 위하여
송아지 한 마리를 갖추어 속죄제를 드릴 것이요
또 명절 칠 일 동안에는
그가 나 여호와를 위하여 번제를 준비하되
곧 이레 동안에 매일 흠 없는 수송아지 일곱 마리와
숫양 일곱 마리이며 또 매일 숫염소 한 마리를 갖추어
속죄제를 드릴 것이며
또 소제를 갖추되 수송아지 한 마리에는
밀가루 한 에바요 숫양 한 마리에도 한 에바며
밀가루 한 에바에는 기름 한 힌 씩이며
일곱째 달 열다섯째 날에 칠 일 동안 명절을 지켜
속죄제와 번제며 그 밀가루와 기름을 드릴지니라"(겔 45:21-25)

바벨론 제국이 멸망하고 페르시아 제국이 등장했을 때 하나님께서 주신 이 소망을 가진 극상품 무화과나무들이 예루살렘으로 귀환해 성전을 다시 건축했던 것입니다.

불타버린 '예루살렘 성전을 다시 건축'해야만 성전에서 '다섯 가지 제사'를 회복하고 '유월절'도 지킬 수 있었기 때문입니다.

바벨론으로 끌려간 이들이 70년의 징계를 달게 받고 교육받을 수 있도록 예레미야 선지자부터 에스겔 선지자, 다니엘 선지자까지 이들을 위해 흘린 눈물과 땀이 참으로 대단했습니다.

그들의 수고와 헌신으로 극상품 무화과나무로 성장한 이들은 자신들이 지난 70년 동안 쌓아온 모든 기득권을 포기하고, 예루살렘 성전을 재건하고 다시 신앙공동체를 회복하겠다는 소망을 가지고, 고국으로 돌아오게 되었습니다. 이를 위해 일어선 회중의 수가 자그마치 42,360명이나 되었습니다.

극상품 무화과나무가 된 귀환공동체들은 진짜 나라는 〈제사장 나라〉밖에 없음을 깨달은 사람들이었습니다. 그랬기에 이들은 스룹바벨, 에스더, 에스라, 느헤미야와 같은 동족들의 지도자들을 존경할 수 있었습니다. 〈제사장 나라〉가 제국보다 월등하다는 사실을 깨달았기 때문입니다. 귀환공동체는 서로 긴밀히 협력하며 다시 〈제사장 나라〉를 실현하는 데 힘을 아끼지 않았습니다. 그렇게 1차 귀환이 시작되었습니다.

"바사 왕 고레스는 말하노니
하늘의 하나님 여호와께서 세상 모든 나라를 내게 주셨고
나에게 명령하사 유다 예루살렘에 성전을 건축하라 하셨나니
이스라엘의 하나님은 참 신이시라
너희 중에 그의 백성 된 자는 다 유다 예루살렘으로 올라가서
이스라엘의 하나님 여호와의 성전을 건축하라
그는 예루살렘에 계신 하나님이시라"(스 1:2-3)

스룹바벨 총독과 여호수아 지도하에 70년 만에 다시 예루살렘으로 귀환하기로 결정한 '1차 귀환자'들에게 페르시아의 왕 고레스는 바벨론 제국이 예루살렘 성전에서 빼앗아 와서 바벨론 신전에 보관하고 있던 성전 기명 5,400점을 돌려주며 가지고 가도록 허락해주었습니다.[19]

"금, 은 그릇이 모두 오천사백 개라
사로잡힌 자를 바벨론에서 예루살렘으로 데리고 갈 때에
세스바살이 그 그릇들을 다 가지고 갔더라"(스 1:11)

예루살렘에 도착한 '1차 귀환자들'은 먼저 모세의 율법에 기록된 대로 '번제'를 드리며 '명절을 회복'했습니다. 그리고 그들은 예루살렘으

---

[19] 페르시아 제국의 정책 : 페르시아 제국은 바벨론 제국이 펼친 '중앙집권화' 대신 '지방화' 정책을 펼침. 바벨론 제국은 각국의 모든 유능한 사람들을 바벨론 포로로 끌어와 바벨론을 융성하게 한 정책을 폄. 그러나 페르시아 제국은 바벨론이 끌어온 포로들을 자기 나라로 돌려보내면서 종교 생활을 보장해주고, 그곳 경제를 활성화시켜 페르시아 제국으로 세금을 철저히 보내게 하는 '지방화' 정책을 폄.

로 귀환한 지 2년 2월에 본격적으로 '성전 재건의 기초'를 놓았습니다.

"이스라엘 자손이 각자의 성읍에 살았더니
일곱째 달에 이르러 일제히 예루살렘에 모인지라

요사닥의 아들 예수아와 그의 형제 제사장들과
스알디엘의 아들 스룹바벨과 그의 형제들이 다 일어나
이스라엘 하나님의 제단을 만들고
하나님의 사람 모세의 율법에 기록한 대로
번제를 그 위에서 드리려 할새
무리가 모든 나라 백성을 두려워하여 제단을 그 터에 세우고
그 위에서 아침 저녁으로 여호와께 번제를 드리며
기록된 규례대로 초막절을 지켜
번제를 매일 정수대로 날마다 드리고
그 후에는 항상 드리는 번제와 초하루와
여호와의 모든 거룩한 절기의 번제와 사람이
여호와께 기쁘게 드리는 예물을 드리되"(스 3:1-5)

"예루살렘에 있는 하나님의 성전에 이른 지 이 년 둘째 달에
스알디엘의 아들 스룹바벨과 요사닥의 아들 예수아와
다른 형제 제사장들과 레위 사람들과 무릇 사로잡혔다가
예루살렘에 돌아온 자들이 공사를 시작하고
이십 세 이상의 레위 사람들을 세워

여호와의 성전 공사를 감독하게 하매"(스 3:8)

그런데 안타깝게도 귀환공동체는 예루살렘 성전 건축을 방해하는 자들로 인해 사기를 잃고 오히려 자신들의 집을 짓는 일에 몰두하면서 성전 건축의 기초만 놓고 16년 동안이나 건축을 중단했습니다.

"이로부터 그 땅 백성이 유다 백성의 손을 약하게 하여
그 건축을 방해하되
바사 왕 고레스의 시대부터 바사 왕 다리오가 즉위할 때까지
관리들에게 뇌물을 주어 그 계획을 막았으며"(스 4:4-5)

그러나 성전 건축이 중단된 지 16년째 되던 해에 학개 선지자와 스가랴 선지자의 책망과 격려로 그들은 다시 일어나 용기를 내어 마침내 예루살렘 성전 재건을 완성하고, 성전 봉헌식을 드렸습니다.

"그 때에 여호와의 사자 학개가
여호와의 위임을 받아 백성에게 말하여 이르되
여호와가 말하노니 내가 너희와 함께 하노라 하니라
여호와께서 스알디엘의 아들 유다 총독 스룹바벨의 마음과
여호사닥의 아들 대제사장 여호수아의 마음과
남은 모든 백성의 마음을 감동시키시매
그들이 와서 만군의 여호와 그들의 하나님의 전 공사를 하였으니
그 때는 다리오 왕 제이년 여섯째 달 이십사일이었더라"(학 1:13-15)

"그가 내게 대답하여 이르되
여호와께서 스룹바벨에게 하신 말씀이 이러하니라
만군의 여호와께서 말씀하시되
이는 힘으로 되지 아니하며 능력으로 되지 아니하고
오직 나의 영으로 되느니라 큰 산아 네가 무엇이냐
네가 스룹바벨 앞에서 평지가 되리라

그가 머릿돌을 내놓을 때에 무리가 외치기를
은총, 은총이 그에게 있을지어다 하리라 하셨고
여호와의 말씀이 또 내게 임하여 이르시되
스룹바벨의 손이 이 성전의 기초를 놓았은즉
그의 손이 또한 그 일을 마치리라 하셨나니
만군의 여호와께서 나를 너희에게 보내신 줄을
네가 알리라 하셨느니라" (슥 4:6-9)

바벨론 제국에 의해 불타버렸던 예루살렘 성전을 재건한 귀환공동체는 그동안 제대로 지키지 못했던 '유월절'을 지키며 기쁨을 만끽했습니다. 그렇게 그들은 '유월절'을 다시 지키고 기념하면서 〈제사장 나라 거룩한 시민〉으로 서게 되었습니다.

"다리오 왕 제육년 아달월 삼일에 성전 일을 끝내니라
이스라엘 자손과 제사장들과 레위 사람들과
기타 사로잡혔던 자의 자손이

즐거이 하나님의 성전 봉헌식을 행하니
하나님의 성전 봉헌식을 행할 때에
수소 백 마리와 숫양 이백 마리와 어린 양 사백 마리를 드리고
또 이스라엘 지파의 수를 따라 숫염소 열두 마리로
이스라엘 전체를 위하여 속죄제를 드리고 제사장을 그 분반대로,
레위 사람을 그 순차대로 세워
예루살렘에서 하나님을 섬기게 하되
모세의 책에 기록된 대로 하게 하니라
사로잡혔던 자의 자손이 첫째 달 십사일에 유월절을 지키되
제사장들과 레위 사람들이 일제히 몸을 정결하게 하여
다 정결하매 사로잡혔던 자들의 모든 자손과
자기 형제 제사장들과 자기를 위하여 유월절 양을 잡으니"

(스 6:15-20)

페르시아 제국에서 예루살렘으로의 '1차 귀환'이 있은 지 80년 후에 '2차 귀환'이 이루어집니다. 그런데 1차 귀환과 2차 귀환 사이에 페르시아 제국에서 한 사건이 벌어지는데, 바로 '에스더 사건'이었습니다.

에스더 사건 당시 페르시아 제국에서 죽을 위기에 처했던 유대인들은, 페르시아 제국이 예루살렘으로의 귀환을 허락했지만, 예루살렘으로 돌아가지 않고 여전히 페르시아 제국에서 살고 있던 자들이었습니다. 그러다가 아각 사람 하만의 계략으로 '유대인 진멸' 위기가 닥친 것입니다.

이 위기를 해결하기 위한 페르시아 제국 아하수에로의 왕후 에스더와 모르드개의 결정에 이곳 유대인들은 온전히 협력했습니다. 에스더를 위해 3일 동안 금식기도를 하며 위기를 이겨냈고, 이후 '부림절'을 만드는 데 한마음으로 함께했으며, 그 이후 유대인들은 매년 부림절[20]을 기념했습니다.

에스더가 모르드개에게 회답합니다.
"당신은 가서 수산에 있는 유다인을 다 모으고
나를 위하여 금식하되
밤낮 삼 일을 먹지도 말고 마시지도 마소서
나도 나의 시녀와 더불어 이렇게 금식한 후에
규례를 어기고 왕에게 나아가리니
죽으면 죽으리이다"(에 4:15-16)

페르시아 아닥사스다 왕의 자문학사인 에스라 제사장을 필두로 예루살렘으로의 '2차 귀환'이 이루어졌습니다.

'2차 귀환'의 지도자인 에스라는 예루살렘으로 돌아와 율법을 연구하고, 준행하며, 가르치는 데 전심전력을 다했습니다. 그리하여 에스라로 인해 예루살렘의 유대인들은 늘 율법을 가까이할 수 있게 되

---

20) 부림(Purim)은 '제비뽑기'라는 뜻으로 하만이 유대인 살육을 위한 날을 결정하기 위해 제비를 뽑았다는 데에서 기인함. 페르시아에서 에스더와 모르드개의 활약으로 유대인들은 생명을 보존하게 되어, 그 날을 기념하며 부림절을 지키게 됨. 부림절 전날인 아달월 13일을 금식하며, 예배 때에는 〈에스더를 낭독하며 기념함. 아달월 14일과 15일에 잔치를 베풀고, 예물을 나누며, 가난한 자들을 구제하는 날로 지킴.

에스라가 율법을 낭독하다 _ 데이비드 마틴 作

었습니다.

"모든 왕의 왕 아닥사스다는
하늘의 하나님의 율법에 완전한 학자 겸 제사장 에스라에게
조서를 내리노니
우리 나라에 있는 이스라엘 백성과 그들 제사장들과
레위 사람들 중에 예루살렘으로 올라갈 뜻이 있는 자는
누구든지 너와 함께 갈지어다"(스 7:12-13)

에스라는 율법 연구와 실천 그리고 율법 교육에 전념하면서, 페르시아 왕의 요구에 의해 유프라테스강 서쪽 지역의 사법권을 총괄하기도 했습니다.

에스라의 재판 판결에 따라 유프라테스강 서쪽 지역 사람들은 사형이나 귀양, 가산 몰수, 감옥 등 형이 정해졌습니다. 그리고 이때 페르시아 왕의 허락에 의해 에스라를 중심으로 유대인의 자치기구인 〈산헤드린 공회〉가 세워집니다.

"에스라여 너는 네 손에 있는 네 하나님의 지혜를 따라
네 하나님의 율법을 아는 자를 법관과 재판관을 삼아
강 건너편 모든 백성을 재판하게 하고
그 중 알지 못하는 자는 너희가 가르치라
무릇 네 하나님의 명령과 왕의 명령을 준행하지 아니하는 자는
속히 그 죄를 정하여 혹 **죽이거나 귀양** 보내거나
가산을 몰수하거나 옥에 가둘지니라 하였더라"(스 7:25-26)

페르시아에서 예루살렘으로의 '2차 귀환'이 이루어진 지 14년 후, 이번에는 느헤미야 총독의 지도하에 '3차 귀환'이 이루어졌습니다.

"내가 또 왕에게 아뢰되
왕이 만일 좋게 여기시거든
강 서쪽 총독들에게 내리시는 조서를 내게 주사
그들이 나를 용납하여
유다에 들어가기까지 통과하게 하시고"(느 2:7)

그들은 느헤미야와 함께 무너진 예루살렘 성벽을 다시 세우기 시

작합니다. 그러나 성전 재건 때와 마찬가지로 많은 방해로 인해 큰 어려움에 처하게 됩니다. 이때 그들은 느헤미야와 함께 한 손에는 무기를 들고, 다른 한 손에는 연장을 들고 위기를 돌파하며 52일 만에 성벽을 재건했습니다.

> "그 때로부터 내 수하 사람들의 절반은 일하고
> 절반은 갑옷을 입고 창과 방패와 활을 가졌고
> 민장은 유다 온 족속의 뒤에 있었으며
> 성을 건축하는 자와 짐을 나르는 자는
> 다 각각 한 손으로 일을 하며 한 손에는 병기를 잡았는데
> 건축하는 자는 각각 허리에 칼을 차고 건축하며
> 나팔 부는 자는 내 곁에 섰었느니라"(느 4:16-18)

> "성벽 역사가 오십이 일 만인 엘룰월 이십오일에 끝나매
> 우리의 모든 대적과 주위에 있는 이방 족속들이 이를 듣고
> 다 두려워하여 크게 낙담하였으니
> 그들이 우리 하나님께서
> 이 역사를 이루신 것을 앎이니라"(느 6:15-16)

그리고 느헤미야는 에스라 제사장과 함께 〈제사장 나라〉를 다시 세우기 위해 신앙 개혁을 합니다. 이로써 〈제사장 나라〉의 '제사와 절기와 명절이 모두 회복'되었습니다.

"이스라엘 자손이 자기들의 성읍에 거주하였더니

일곱째 달에 이르러

모든 백성이 일제히 수문 앞 광장에 모여

학사 에스라에게 여호와께서 이스라엘에게 명령하신

모세의 율법책을 가져오기를 청하매

일곱째 달 초하루에 제사장 에스라가 율법책을 가지고

회중 앞 곧 남자나 여자나 알아들을 만한 모든 사람 앞에 이르러

수문 앞 광장에서 새벽부터 정오까지

남자나 여자나 알아들을 만한 모든 사람 앞에서 읽으매

뭇 백성이 그 율법책에 귀를 기울였는데"(느 8:1-3)

"사로잡혔다가 돌아온 회중이 다 초막을 짓고

그 안에서 거하니 눈의 아들 여호수아 때로부터 그 날까지

이스라엘 자손이 이같이 행한 일이 없었으므로

이에 크게 기뻐하며 에스라는 첫날부터 끝날까지

날마다 하나님의 율법책을 낭독하고

무리가 이레 동안 절기를 지키고

여덟째 날에 규례를 따라 성회를 열었느니라"(느 8:17-18)

예루살렘은 다시 풍성해져서 경제적 풍요를 이루고, 사회적 안전망이 세워지면서 번영의 길로 접어들게 되었습니다.

'바벨론 포로 70년' 동안 예루살렘 시내는 대낮에도 여우가 돌아다

니며 활보할 정도로 불안했던 곳이었는데, 페르시아로부터 1, 2, 3차 귀환이 있은 후 세계 무역의 상징이라 할 수 있는 두로의 상인들까지 예루살렘에 입점해 장사하는 곳이 되었습니다. 그런데 예루살렘 상권이 너무 활성화되자 안식일까지도 유대인들에게 장사하는 사람들이 생겨나 느헤미야 총독이 이 문제를 바로잡기까지 했을 정도였습니다.

"또 두로 사람이 예루살렘에 살며
물고기와 각양 물건을 가져다가
안식일에 예루살렘에서도 유다 자손에게 팔기로"(느 13:16)

극상품 무화과나무가 되어 예루살렘으로 귀환한 유대인들은 페르시아 제국의 투자 정책과 맞물리면서 〈제사장 나라〉를 다시 새롭게 이루었습니다. 그들은 '예루살렘 성전 중심으로, 그리고 유월절을 비롯한 3대 명절로', 페르시아 제국의 우산 아래에서도 유대 민족을 지켰습니다.

그들은 매년 세 차례 여호와의 이름을 두려고 택하신 그곳, 예루살렘에 온 유대인들이 모일 수 있도록 예루살렘 성전을 든든히 지켜나갔습니다.

유대인들은 그 이후 헬라 제국과 로마 제국을 거치면서 예수님께서 오시는 그 날까지 예루살렘 성전을 중심으로 유대를 유지했습니다. 물론 시간이 지나면서 제사가 형식화되고, 정치화되는 부작용도 있었지만 성전 중심의 흐름은 계속 유지했습니다.

그 때문에 로마 제국은 유대를 식민지로 통치하면서도 예루살렘 성전을 존중하며 조심스럽게 유대에 대한 정책을 펼쳤습니다.

로마 제국이 '유월절'을 유대인의 명절로 존중하고, '유월절 사면'을 시행했을 정도였습니다. 그렇게 성전과 제사의 기능이 유지되어 있었기에 예수님께서도 해마다 '유월절'을 지키실 수 있었습니다.

passover .
communion

chapter 4

세례 요한, 예수님을
'하나님의 어린 양'으로 소개하다

예수님, 어린 시절 유월절을 해마다 기념하다

'예수님께서는 어린 시절부터' 육신의 부모인 요셉과 마리아와 함께 해마다 '유월절'을 지키며 기념하셨습니다. 예수님께서 '해마다' 유월절을 지키셨다는 것은, 공생애를 시작하시기 전까지 매년 빠짐없이 기념하셨다는 것입니다.

"그의 부모가 해마다 유월절이 되면
예루살렘으로 가더니"(눅 2:41)

요셉과 마리아는 갈릴리 남쪽의 나사렛이라는 작은 동네에 살고 있던 가난한 사람들이었습니다. 당시 유대는 로마 제국의 식민지였기 때문에 유대 대부분의 백성들은 가난한 삶을 살고 있었습니다. 요셉

성전에서 예수님을 찾다 _ 윌리엄 홀맨 헌트 作

또한 목수 일을 하면서 근근이 살아가고 있었습니다.

그런데 어느 날, 500년 역사의 공화정에서 제정으로 정치 형태를 완전히 바꾼 로마 제국에서 첫 번째 황제가 된 아구스도(아우구스투스)가 모든 로마 제국의 식민지 백성들에게 세금을 누수 없이 정확하게 징수할 목적으로 정해진 기일 내에 다 고향에 가서 호적 신고를 하라는 명령을 내렸습니다.

그 때문에 요셉의 아내 마리아는 해산을 목전에 두고도 요셉의 고향 베들레헴[21]에 남편을 따라 꼭 함께 가야만 했고, 그곳에서 아기 예

---

21) 베들레헴(Bethlehem)은 예루살렘에서 남쪽으로 10km 정도 떨어진 해발 약 700m 언덕에 위치. 다윗의 고향으로 메시아의 탄생이 예언된 곳(미 5:2). 이곳에서 예루살렘 성전에 희생제물로 드려질 양들을 많이 키움.

수님을 낳았던 것입니다. 그런데 마리아가 아기 예수님을 출산한 곳은 짐승들을 돌보는 곳이었습니다. 성경은 그때 여관에 사람들이 가득해서 요셉과 마리아는 여관을 구하지 못해 마구간 같은 곳에서 아기 예수님을 낳아 구유에 뉘었다고 쓰여 있습니다.

> "모든 사람이 호적하러 각각 고향으로 돌아가매
> 요셉도 다윗의 집 족속이므로
> 갈릴리 나사렛 동네에서 유대를 향하여
> 베들레헴이라 하는 다윗의 동네로
> 그 약혼한 마리아와 함께 호적하러 올라가니
> 마리아가 이미 잉태하였더라
> 거기 있을 그 때에 해산할 날이 차서
> 첫아들을 낳아 강보로 싸서 구유에 뉘었으니
> 이는 여관에 있을 곳이 없음이러라"(눅 2:3-7)

이렇게 예수님께서는 베들레헴에서 태어나시고, 나사렛이라는 시골 동네에서 가난한 목수의 가정에서 자라셨습니다. 이후에 빌립이 나다나엘에게 예수님에 대해 전하자 나다나엘이 '나사렛에서 무슨 선한 것이 날 수 있느냐'고 말할 정도로 나사렛은 보잘것없는 아주 작은 시골 마을이었습니다.

예수님께서는 그렇게 공생애 전까지 30여 년 동안 가난한 목수 요셉의 아들로 나사렛에서 사셨습니다.

그런데 유대는 비록 로마 제국의 식민지였지만, 유대인들은 〈제사장 나라〉의 법에 따라 '20세 이상의 남자들은 1년에 세 차례 예루살렘 성전으로' 가서 '여호와 앞에서 명절을' 지켜야 했습니다.

특히 유대인들은 〈제사장 나라〉를 시작하게 한 '유월절 명절'을 매우 중요하게 여겼습니다. 때문에 유월절에는 유대 '자국 내의 유대인'들은 물론, 로마 제국 전역에 흩어져 살고 있던 '디아스포라 유대인'들까지도 모두 '예루살렘 성전'으로 모였습니다.

예수님께서는 어려서부터 〈제사장 나라〉의 법을 배우며 자라셨습니다. 요셉과 마리아는 〈제사장 나라〉의 법대로 예수님께서 태어나신 지 8일째 되던 날 '정결예식'을 치루기 위해 예루살렘 성전에 갔습니다.

가난했기에 소나 양을 성전에 바치지는 못했지만, 예수님의 정결 의식을 위해 산비둘기 한 쌍 또는 어린 집비둘기 둘을 가지고 예루살렘 성전에 올라갔습니다.

"모세의 법대로 정결예식의 날이 차매
아기를 데리고 예루살렘에 올라가니
이는 주의 율법에 쓴 바 첫 태에
처음 난 남자마다 주의 거룩한 자라 하리라 한 대로
아기를 주께 드리고 또 주의 율법에 말씀하신 대로
산비둘기 한 쌍이나 혹은 어린 집비둘기 둘로
제사하려 함이더라"(눅 2:22-24)

예수님께서는 공생애 전에 해마다 유월절을 지키고 기념하시기 위해 예루살렘 성전에 가셨는데, 나사렛에서 예루살렘까지는 약 140km 정도 되는 먼 거리였습니다. 예수님은 매년 유월절마다 일주일 정도의 기간 동안 나귀를 타거나 걸어서 그 먼 예루살렘 성전에 가셨던 것입니다.

유대인들이 매년 유월절마다 예루살렘 성전에 간다는 것은, 사실 여간 힘든 일이 아니었습니다. 특히 디아스포라 유대인들은 여행의 번거로움뿐만 아니라, 예루살렘 성전에 갈 때에는 반드시 예물과 십일조를 준비해 가야만 했기 때문입니다.

"너의 가운데 모든 남자는 일 년에
세 번 곧 무교절과 칠칠절과 초막절에
네 하나님 여호와께서 택하신 곳에서 여호와를 뵈옵되
빈손으로 여호와를 뵈옵지 말고"(신 16:16)

하나님께서 모세를 통해 말씀하신 〈제사장 나라〉의 법은 이렇게 모세 이후 예수님 때까지 1,500년 동안이나 계속 유지되고 있었습니다.

"너희는 너희의 하나님 여호와께서
자기 이름을 두시려고 택하실 그 곳으로
내가 명령하는 것을 모두 가지고 갈지니
곧 너희의 번제와 너희의 희생과 너희의 십일조와

너희 손의 거제와 너희가 여호와께
서원하는 모든 아름다운 서원물을 가져가고"(신 12:11)

예수님 당시 유대 자국 내에서 살고 있던 유대인들은 자신들이 집에서 정성껏 기르던 짐승들 가운데 하나님께 드릴 제물을 선택해 예루살렘 성전에 갔지만, 로마 제국 전역에 흩어져 살고 있던 디아스포라 유대인들은 율법의 규례에 따라 돈을 가지고 와서 예루살렘에서 제물을 사서 하나님께 제사를 드릴 수 있었습니다.

"그러나 네 하나님 여호와께서
자기의 이름을 두시려고 택하신 곳이
네게서 너무 멀고 행로가 어려워서
네 하나님 여호와께서 그 풍부히 주신 것을 가지고 갈 수 없거든
그것을 돈으로 바꾸어 그 돈을 싸 가지고
네 하나님 여호와께서 택하신 곳으로 가서"(신 14:24-25)

로마 제국 전역에 널리 흩어져 장사에 종사하며 살고 있던 디아스포라 유대인들을 위해서는 율법의 이 조항이 참으로 유용했을 것입니다. 그들이 하나님께 제물로 드릴 짐승을 자신이 살고 있는 곳에서부터 데리고 예루살렘까지 여행한다는 것은 거의 불가능했기 때문입니다.

그런데 예수님 당시 율법의 이 조항에 특별한 관심을 가진 '경제인

들'(?)이 있었습니다. 그들은 바로 '예루살렘 성전의 대제사장들과 제사장들', 그리고 성전 경비를 맡은 자들인 '사두개파 사람들'이었습니다.

그들은 로마 제국 전역에서 경제적으로 크게 성공한 디아스포라 유대인들이 예루살렘 성전으로 큰돈을 가지고 와서 환전을 하고, 제사드릴 제물을 사고, 1년 치 십일조를 한꺼번에 바치는 것에 주목했습니다.

그래서 사두개파 사람들은 예루살렘 성전 '이방인의 뜰'에 와서 십일조나 제사를 통한 '경제행위'(?)는 하나도 하지 않고 '단지 기도만 하고 떠나는 이방인들'보다는, 돈 많은 디아스포라 유대인들의 편의를 봐주는 쪽으로 생각을 모았을 것입니다.

결국 사두개파 사람들의 결정에 의해 예루살렘 성전의 '이방인의 뜰'은 본래 의도에서 완전히 벗어나 '만민이 기도하는 집'이 아닌, 디아스포라 유대인들의 환전과 제물을 사고파는 곳으로 바뀌게 되었습니다. 때문에 예수님께서 공생애를 마치실 무렵 예루살렘 성전에 올라가셨을 때에 강도의 소굴로 변질된 '이방인의 뜰'을 보시고 그렇게 화를 내셨던 것입니다.

예수께서 성전에 들어가셔서
성전 안에 매매하는 모든 사람들을 내쫓으시며
돈 바꾸는 사람들의 상과 비둘기 파는 사람들의
의자를 둘러 엎으시고 그들에게 말씀하십니다.

"기록된 바 내 집은 기도하는 집이라 일컬음을 받으리라 하였거늘 너희는 강도의 소굴을 만드는도다 하시니라"(마 21:12-13)

예루살렘 성전 '이방인의 뜰' 이야기는 여기에서 일단 멈추고, 다시 예수님의 공생애 전 이야기로 돌아가겠습니다.

세례 요한, 세례로 예수님의 길을 예비하다

예수님께서 나사렛에 사시며 본격적인 공생애를 시작하시기 6개월 전, 유대 사회에는 '세례 요한'이 등장해 강력한 회개 운동을 펼치며 '세례'[22]를 가지고 유대 사회를 발칵 뒤집어놓기 시작했습니다.

'회개하라 천국이 가까이 왔다'고 사람들에게 회개를 촉구하며 세례를 베푸는 '요한의 세례'가 얼마나 놀라웠던지 예루살렘과 온 유대 사방에서 사람들이 세례 요한에게 다 모여들었습니다. 심지어 많은 '바리새파와 사두개파 사람들까지도' 예루살렘에서 떨어져 있는 요단 강까지 세례 요한을 보기 위해 찾아가 볼 정도였습니다.

사두개파 사람들은 예루살렘 성전을 지키는 자들이었습니다. 그들은 사람들을 예루살렘 성전으로 오게 하는 사람들이지, 자신들이 어

---

22) 세례(Baptism)는 물 속에 들어가서 옛 사람은 죽고, 죄를 씻고 새 사람이 됨을 상징하는 예식. 세례의 기원은 제사장들이 제사를 드리기 전에 씻는 의식과 부정한 것을 정결하게 하는 의식에서 비롯되었다고 함(출 30:17-21; 레 22:6). 이후 에세네파에서는 세례 부분을 확대하여 성전에 가기보다는 씻고 율법을 연구하는 데 몰두했다는 전승이 있음.

느 곳으로 누군가를 찾아가는 사람들이 아니었습니다.

그런데 '세례 요한 돌풍'이 너무 세게 일어나자, 바리새파 사람들은 물론이거니와 사두개파 사람들까지도 세례 요한을 보기 위해 예루살렘에서 요단강까지 나가봤던 것입니다. 그러나 그들은 세례 요한에게 입에 담을 수 없는 심한 욕만 실컷 들었습니다.

요한이 많은 바리새인들과 사두개인들이
세례 베푸는 데로 오는 것을 보고 말합니다.
"독사의 자식들아 누가 너희를 가르쳐
임박한 진노를 피하라 하더냐"(마 3:7)

세례 요한은 모든 면에서 독특해 유대 사람들의 이목을 끌기에 충분했습니다. 그는 낙타털 옷을 입고, 허리에는 가죽 띠를 두르고, 음식으로는 메뚜기와 석청을 먹었습니다. 그리고 그의 눈빛은 감히 마주할 수 없을 정도로 빛나고 날카로웠습니다.

또한 세례 요한의 메시지는 너무나 강력하고 충격적이었으며, 그의 '세례 퍼포먼스'는 유대 사람들의 마음을 완전히 사로잡을 정도였습니다.

그런 세례 요한이 때로는 사람들이 잘 이해할 수 없는 말을 했습니다. 자기보다 뒤에 오시는 분이 있는데, 그분이 자기보다 더 능력이 많으시다는 것입니다. 그리고 더 나아가 자기는 그분의 신발끈을 푸는 것조차 감당할 수 없다고 자신을 낮추었습니다. 또한 자신은 물로 세례를 주지만, 그분은 성령으로 세례를 주실 것이라며 사람들에게 상상할 수 없는 큰 기대를 하게 했습니다.

> "세례 요한이 광야에 이르러
> 죄 사함을 받게 하는 회개의 세례를 전파하니
> 온 유대 지방과 예루살렘 사람이 다 나아가 자기 죄를 자복하고
> 요단 강에서 그에게 세례를 받더라
> 요한은 낙타털 옷을 입고 허리에 가죽 띠를 띠고
> 메뚜기와 석청을 먹더라
> 그가 전파하여 이르되
> 나보다 능력 많으신 이가 내 뒤에 오시나니
> 나는 굽혀 그의 신발끈을 풀기도 감당하지 못하겠노라
> 나는 너희에게 물로 세례를 베풀었거니와
> 그는 너희에게 성령으로 세례를 베푸시리라"(막 1:4-8)

드디어 세례 요한의 예고를 받으신 예수님께서 먼 갈릴리 지역 나사렛에서 요단강까지 세례 요한에게 세례를 받으시기 위해 오셨습니다. 예수님께서 세례 요한에게 세례를 받으심으로 '세례'는 '〈하나님 나라〉의 중요한 예식'이 되었습니다.

> "이 때에 예수께서 갈릴리로부터 요단 강에 이르러
> 요한에게 세례를 받으려 하시니"(마 3:13)

예수님께서는 해마다 '유월절'을 지키셨듯이 〈제사장 나라〉의 모든 법도 다 지키셨습니다. 그리고 마지막 선지자 세례 요한을 통해 행해진 '세례'를 예수님께서 직접 찾아가셔서 먼저 받으셨습니다. 그래서 우리가 이 예식을 받아들이는 것입니다.

'세례'는 '죄를 씻음 받는다' 즉, 죄 사함을 의미합니다. 그리고 '성찬'은 '예수님이 나를 위해서 대신 속죄해주셨음을 믿고 그의 몸을 먹고 마시는 것'입니다. 그러므로 '세례와 성찬'은 '죄 사함이라는 공통점'이 있습니다. 죄를 씻음, 먹고 마심 모두 예수님을 통한 죄 사함인 것입니다. 때문에 세례와 성찬은 별개로 갈 수 없는 것입니다.

"이 때에 예루살렘과 온 유대와 요단 강 사방에서
다 그에게 나아와 자기들의 죄를 자복하고
요단 강에서 그에게 세례를 받더니"(마 3:5-6)

그들이 먹을 때에 예수께서 떡을 가지고 축복하시고는
떼어 제자들에게 주시며 말씀하십니다.
"받아서 먹으라 이것은 내 몸이니라"
또 잔을 가지사 감사 기도 하시고 그들에게 주시며 말씀하십니다.
"너희가 다 이것을 마시라 이것은 죄 사함을 얻게 하려고
많은 사람을 위하여 흘리는 바
나의 피 곧 언약의 피니라"(마 26:26-28)

예수님의 세례 _ 피에로 델라 프란체스카 作

　예수님께서는 회개할 것이 없으신 분입니다. 그래서 세례 요한이 세례를 받고자 하시는 예수님께 세례를 줄 수 없다고, 자신이 오히려 예수님께 세례를 받아야 한다고 말했습니다. 그런데 예수님께서 이는 하나님의 계획이니 하나님의 의를 이루기 위해 세례를 허락하라고 말씀하셨습니다.

　이는 세례 요한의 세례가 요한이 만든 의식이 아니고, 하나님의 계획과 뜻이 담겨 있는 의식이며 하나님께서 바로 '죄 사함의 상징'으로 '세례'를 만드셨다는 뜻입니다.

> 요한이 말립니다.
> "내가 당신에게서 세례를 받아야 할 터인데
> 당신이 내게로 오시나이까"
> 예수께서 대답하십니다.
> "이제 허락하라 우리가 이와 같이 하여
> 모든 의를 이루는 것이 합당하니라"
> 이에 요한이 허락합니다. (마 3:14-15)

세례 요한은 예수님의 말씀에 순종하며 예수님께 세례를 베풀었습니다. 그렇게 예수님께서 요단강에서 세례 요한에게 세례를 받으시고 기도하실 때 하늘이 열리고 성령이 비둘기와 같은 모습으로 예수님 위에 강림하셨습니다.

그러더니 '하늘로부터 소리'가 들립니다. 그것은 하나님의 음성이었습니다.

> "예수께서 세례를 받으시고 곧 물에서 올라오실새
> 하늘이 열리고 하나님의 성령이 비둘기 같이 내려
> 자기 위에 임하심을 보시더니
> 하늘로부터 소리가 있어 말씀하시되

이는 내 사랑하는 아들이요 내 기뻐하는 자라 하시니라"(마 3:16-17)

"백성이 다 세례를 받을새
예수도 세례를 받으시고 기도하실 때에
하늘이 열리며 성령이 비둘기 같은 형체로
그의 위에 강림하시더니 하늘로부터 소리가 나기를
너는 내 사랑하는 아들이라
내가 너를 기뻐하노라 하시니라"(눅 3:21-22)

성부 하나님께서는 하늘의 소리로 하나님의 아들 성자 예수님을 확증하셨습니다. 이 일을 위해 즉, '하나님의 뜻을 이루기 위해' 예수님께서 세례 요한에게 세례를 허락하라고 말씀하셨던 것입니다. 세례 요한의 세례는 진정으로 예수님의 길을 예비하는 세례였습니다.

세례 요한, 유월절 어린 양으로 하나님의 어린 양 예수를 알리다

예수님께서 세례 요한에게 세례를 받으신 이후부터, 세례 요한은 예수님을 '세상 죄를 지고 가는 하나님의 어린 양'이라고 소개했습니다.

이튿날 요한이 예수께서 나아오심을 보고 말합니다.
"보라 세상 죄를 지고 가는 하나님의 어린 양이로다"(요 1:29)

예수님께서 세례를 받으실 때 하나님께서는 예수님의 정체성, 즉 예수님께서 하나님의 아들이시고, 하나님께서 이를 기뻐하신다는 것을 밝히셨습니다. 그 예수님께서 이 땅에 오신 이유는, 세례 요한의 소개대로 '하나님의 어린 양'이 되시기 위함이었습니다.

애굽(이집트)에서 이스라엘 민족의 장자들을 대신해서 유월절 어린 양이 죽었듯이, 예수님께서는 하나님의 어린 양으로 세상 모든 사람들의 죄를 대신해 죽으시기 위해 이 땅에 오셨습니다.

세례 요한은 이 진실을 명확히 드러냈습니다. 때문에 '유월절 어린 양'의 그 긴 이야기를 모르면 '세상 죄를 지고 가는 하나님의 어린 양'은 이해할 수 없습니다.

세례 요한이 진정으로 '예수님의 길을 예비'했던 것입니다. 그 이후부터 세례는 예수님께서 베푸시는 성령 세례가 되었습니다. 때문에 예수님을 모르면 성령님을 알 수 없습니다. 예수님의 사역은 이렇게 성령님과 밀접하게 연결되어 있습니다.

"나는 너희에게 물로 세례를 베풀었거니와
그는 너희에게 성령으로 세례를 베푸시리라"(막 1:8)

예수님께서 공생애를 마치실 무렵, 예루살렘 성전의 대제사장들에게 질문을 받으신 적이 있습니다.

예수께서 성전에 들어가 가르치실때
대제사장들과 백성의 장로들이 나아와 묻습니다.
"네가 무슨 권위로 이런 일을 하느냐
또 누가 이 권위를 주었느냐"(마 21:23)

그때 예수님께서는 오히려 대제사장들에게 세례 요한의 세례가 어디로부터 온 것인지를 되물으셨습니다. 세례 요한의 세례가 하늘로부터 온 것인지, 사람으로부터 온 것인지를 먼저 답하라고 하셨습니다.

"나도 한 말을 너희에게 물으리니
너희가 대답하면
나도 무슨 권위로 이런 일을 하는지 이르리라
요한의 세례가 어디로부터 왔느냐
하늘로부터냐 사람으로부터냐"(마 21:24-25)

그러자 대제사장들이 예수님의 질문에 답을 하지 못했습니다. 사실 그들은 예수님의 질문에 답을 할 수가 없었습니다. 만약 대제사장들이 세례 요한의 세례가 하늘로부터 온 것이라고 말한다면, 유대 백성들은 왜 하나님께서 주신 세례를 믿지 않았느냐고 그들을 힐난할 것입니다.

반대로 대제사장들이 세례 요한의 세례가 사람으로부터 온 것이라고 답한다면, 당시 유대인들은 세례 요한을 선지자로 믿고 있었기 때문에 그들은 그 자리에서 돌에 맞을 수도 있었던 것입니다.

그들이 서로 의논하고 예수께 대답합니다.
"우리가 알지 못하노라"(마 21:27)

예수님께서는 예루살렘 성전의 대제사장들이 예수님의 사역에 대해 트집을 잡을 때에 오히려 세례 요한의 세례가 하늘로부터 온 것이라는 사실을 공식화하셨습니다. 대제사장들은 어떤 주제를 가지고도 예수님과의 논쟁에서 단 한 번도 이긴 적이 없었습니다. 그만큼 예수님의 가르침과 논리는 언제나 명쾌하셨습니다.

예수님 당시의 유대 사람들은 세례 요한을 선지자로 여겼습니다. 이 의견에 예수님께서도 동의하시고, 세례 요한의 사역을 인정하셨습니다. 세례 요한은 사람들에 의해서, 그리고 예수님에 의해서 선지자로 확증된 사람이었습니다.

"그러면 너희가 무엇을 보려고 나갔더냐 선지자냐 옳다
내가 너희에게 이르노니
선지자보다도 훌륭한 자니라 기록된 바
보라 내가 내 사자를 네 앞에 보내노니
그가 네 앞에서 네 길을 준비하리라 한 것이
이 사람에 대한 말씀이라"(눅 7:26-27)

세례 요한의 외침 _ 파올로 베로네세 作

'예수님의 길을 예비'하고 '들러리의 기쁨'으로 만족했던 세례 요한은 '회개하라 천국이 가까이 왔다'는 하나님 나라에 대한 메시지와 '예수님께서는 하나님의 어린 양'이라는 놀라운 선언을 했습니다. 그의 6개월 사역은 짧지만 대단했습니다.

'세례 요한'의 이 외침으로 말미암아 그는 '하나님의 선지자'가 되었습니다. 세례 요한이 예수님을 '하나님의 어린 양'이라고 소개한 것은 '유월절 어린 양'을 바탕에 두고 한 말이었습니다.

'하나님의 어린 양'은 예수님의 죽음의 방법, 예수님께서 흘리실 보혈과 찢기실 살을 예시한 것입니다. 그러므로 애굽에서 '유월절 어린 양'의 죽음은 단지 어린 양의 죽음으로 끝나지 않고, 피는 바르고 양의 고기는 먹음으로 이스라엘 민족의 장자들을 대신 살렸다는 것을 상기해야 하는 것입니다.

그 '유월절 어린 양'의 내용이 고스란히 '하나님의 어린 양'이신 예수님으로 이어졌습니다.

세례 요한이 '하나님의 어린 양'으로 예수님을 예고했다면, 예수님께서는 십자가를 지시기 전에 '성찬식'으로 이를 정확히 확인해주시며 '새 언약'으로 체결해주셨습니다.

하나님의 어린 양, 십자가에서 찢기시고 상처 입으신 예수님의 몸을 상징하다

예수님께서는 세례 요한의 소개처럼 '세상 죄를 지고 가는 하나님의 어린 양'이 되셔서 십자가 위에서 찢기시고 상처 입으셨습니다. 그리고 세상 모든 사람들의 죄를 대속하시기 위해 '대신' 죽으셨습니다. 하나님께서는 이 십자가 대속의 의미를 예수님 오시기 800년 전에 이미 이사야 선지자를 통해 예고해주셨습니다.

"이는 한 아기가 우리에게 났고
한 아들을 우리에게 주신 바 되었는데
그의 어깨에는 정사를 메었고
그의 이름은 기묘자라, 모사라, 전능하신 하나님이라,
영존하시는 아버지라, 평강의 왕이라 할 것임이라"(사 9:6)

"그는 실로 우리의 질고를 지고 우리의 슬픔을 당하였거늘
우리는 생각하기를 그는 징벌을 받아 하나님께 맞으며
고난을 당한다 하였노라
그가 찔림은 우리의 허물 때문이요
그가 상함은 우리의 죄악 때문이라
그가 징계를 받으므로 우리는 평화를 누리고
그가 채찍에 맞으므로 우리는 나음을 받았도다"(사 53:4-5)

예수님의 길을 예비한 세례 요한도 이사야 선지자에 의해 이미 예고된 하나님의 사람이었습니다.

"외치는 자의 소리여 이르되
너희는 광야에서 여호와의 길을 예비하라
사막에서 우리 하나님의 대로를 평탄하게 하라"(사 40:3)

"그는 선지자 이사야를 통하여 말씀하신 자라 일렀으되
광야에 외치는 자의 소리가 있어 이르되
너희는 주의 길을 준비하라
그가 오실 길을 곧게 하라 하였느니라"(마 3:3)

죄 없으신 예수님께서는 우리의 죄와 허물 때문에, 십자가에서 찢기시고 상하셨습니다. 그리고 죄 없으신 예수님께서 '우리를 대신해' 징계를 받으시므로 우리가 평화를 누리게 되었습니다. 이 모든 것이 이루어짐은, 하나님은 '공의의 하나님'이시기 때문입니다.

하나님께서는 당신의 독생자 예수 그리스도를 이 땅에 보내시기 전에 〈이사야〉를 통해 예수님께서 우리의 죄 때문에 '찔리시고, 상하시고, 피 흘리심으로' 처벌 받으실 것을 미리 말씀해주셨습니다. 십자가를 미리 말씀해주셨던 것입니다.

십자가는 로마의 형틀이었습니다. 로마는 죄수를 십자가형으로 처형할 때 반드시 로마의 채찍으로 먼저 때리고 형틀에 올렸습니다. 동물의 뼈나 쇳조각을 박은 로마의 채찍 때문에 살이 찢기고 상할 수밖에 없었습니다. 이 이야기를 〈이사야〉가 미리 예고했던 것입니다.

예수님의 십자가에는 구약의 '다섯 가지 제사'의 의미가 다 들어 있습니다. 십자가의 놀라운 비밀이 바로 이것입니다.

"그는 우리 죄를 위한 화목제물이니 우리만 위할 뿐 아니요
온 세상의 죄를 위하심이라"(요일 2:2)

예수 그리스도의 십자가에는 창세기의 제사 이야기와 구약 1,500년의 제사 이야기들이 다 담겨 있습니다. 수많은 '피 흘림'이 십자가에 모두 담겨 있다는 것입니다.

예수님께서 십자가에서 죽으심은 '공의의 하나님'께서 죄 많은 인간들을 위해 긍휼을 베푸셨기 때문입니다. 즉, 십자가는 하나님의 공의면서 사랑입니다.

어느 한 면만 보아서는 안 됩니다. 하나님을 바라볼 때 '긍휼의 하나님'만 보아서도 안 되고, '공의의 하나님'만 보아서도 안 됩니다. 예수님의 십자가가 바로 '긍휼과 공의의 하나님'을 동시에 볼 수 있는 길입니다.

구약의 마지막 책인 〈말라기〉에 엘리야가 다시 올 것이라는 하나님의 말씀이 기록되어 있습니다.

"보라 여호와의 크고 두려운 날이 이르기 전에
내가 선지자 엘리야를 너희에게 보내리니
그가 아버지의 마음을 자녀에게로 돌이키게 하고
자녀들의 마음을 그들의 아버지에게로 돌이키게 하리라
돌이키지 아니하면 두렵건대

내가 와서 저주로 그 땅을 칠까 하노라 하시니라"(말 4:5-6)

〈말라기〉에 예언된 엘리야가 바로 세례 요한이었습니다. 하나님께서는 '아버지의 마음을 자녀들에게로, 자녀들의 마음을 아버지에게로 돌이키기 위해' 세례 요한을 일하게 하셨습니다.

하루는 제자들이 예수의 영광된 모습을 산에서 보고
내려올 때에 예수께서 말씀하십니다.
"인자가 죽은 자 가운데서 살아나기 전에는
본 것을 아무에게도 이르지 말라"
제자들이 묻습니다.
"그러면 어찌하여 서기관들이
엘리야가 먼저 와야 하리라 하나이까"

예수께서 대답하십니다.
"엘리야가 과연 먼저 와서 모든 일을 회복하리라
내가 너희에게 말하노니
엘리야가 이미 왔으되 사람들이 알지 못하고
임의로 대우하였도다
인자도 이와 같이 그들에게 고난을 받으리라"
그제서야 제자들이 예수께서 말씀하신 것이
세례 요한인 줄을 깨닫습니다. (마 17:9-13)

이사야, 말라기, 세례 요한, 예수님 … 그리고 '마지막 유월절'을 다 묶어서 통(通)으로 보면 '십자가' 이야기를 정확하게 알 수 있습니다.

예수님께서는 세례 요한이 예고한 '하나님의 어린 양' 이야기와 십자가에서 고난 받으실 것을 모두 '성찬식'으로 담아서 십자가 지시기 전날 밤 떡과 포도주를 먹고 마심으로 '나'를 기억하고, 이 예식을 기념하라고 말씀하신 것입니다.

passover .
communion

chapter 5

예수님, 마지막 유월절에
첫 번째 성찬식을 시작하다 – '나'를 기념하라

'이 날을 기념하라'에서 '나를 기념하라'로 바뀐 날이 바로 첫 번째 성찬식입니다. 모세 때로부터 1,500년을 이어온 오랜 전통의 '유월절'이 하룻밤 사이에 갑자기 마지막 유월절이 될지 어느 누구도 몰랐습니다. 오직 그 날을 기다리시고 준비하셨던 예수님만이 그 날을 '마지막 유월절'로 미리 알고 기념하셨습니다.

예수님께서는 십자가 지시기 전날 밤 죽으심을 앞두시고, 성찬식을 거행하시면서 '나를 기념하라'고 말씀하셨습니다. 그 밤은 예수를 믿는 모든 이들이 기억해야 할 잊을 수 없는 밤이며, 늘 기념하며 지켜야 할 '성찬식'이 시작된 밤이었습니다.

"또 떡을 가져 감사 기도 하시고 떼어
그들에게 주시며 이르시되

이것은 너희를 위하여 주는 내 몸이라
너희가 이를 행하여 나를 기념하라 하시고"(눅 22:19)

1,500년의 역사를 가진 '유월절' 그 밤에 예루살렘 성안의 한 다락방에서는 인류 최초의 성찬식이 거행되었으며, 마지막 유월절을 놓고 예수님, 대제사장 세력들, 그리고 빌라도가 각각의 입장에서 '그해의 유월절'을 가장 잘 활용하기 위해 최선을 다하고 있었습니다.

예수님의 계획, 이번 유월절에 팔리리라

그 '마지막 유월절'에 가장 큰 계획을 가지고 계셨던 분은 바로 예수님이셨습니다. 예수님께서 '이번 유월절'을 사용하기로 결정하셨습니다. 예수님께서는 이미 유월절에 자주 예루살렘에 가셨었습니다.
그런데 다음 유월절도 아니고, 바로 '이번 유월절'을 쓰시기로 계획하셨습니다. 예수님께서 '이번 유월절'을 쓰시는 방법은 '자신이 팔리는 것'이었습니다.

예수님께서는 이번 유월절을 끝으로 '십자가 이후' 예루살렘 성전의 기능을 완전히 끝내시기로 결정하셨던 것입니다.

'The End!' 이미 '끝이 난 이야기'를 '끝이 나지 않은 채로 끌고 가는 것'은 바람직하지 못합니다. 그러면 엄청난 혼란과 피해가 발생하기 때문입니다. 이후에 사도들이 모여 〈예루살렘 공회〉에서 할례 문제를 'The End'라고 끝을 냈는데도, 그 이후로 초기교회는 두리뭉실하고 애매하게 10여 년을 이 문제를 가지고 끌고 갔습니다.

그러다가 사도 바울이 2차 전도여행 중에 고린도에서 쓴 편지인 〈갈라디아서〉를 통해 명쾌하게 할례 문제를 정리합니다. 그때로부터 할례에 대해서는 더 이상 논쟁이 필요하지 않게 되었습니다.

"그리스도 예수 안에서는 할례나 무할례나 효력이 없으되
사랑으로써 역사하는 믿음뿐이니라"(갈 5:6)

이처럼 모든 '사안'(事案)들은 명쾌해야 합니다. 예수님께서 '이번 유월절에 팔리리라'고 하신 말씀은 '이번 유월절'에 모든 사람들을 위한 대속물로 십자가에 달려 죽으신다는 것입니다.

"너희가 아는 바와 같이 이틀이 지나면 유월절이라
인자가 십자가에 못 박히기 위하여 팔리리라"(마 26:2)

그런데 예수님께서 팔리시는 것, 그 방법이 중요했습니다. 예수님께서 팔리시는 방법에 들어가 보면, 예수를 판 사람은 가룟 유다와 빌라도 총독이었고, 산 사람은 대제사장 세력들이었습니다.

'팔고 사고' 이 말은 쌍방 간에 '돈거래가 존재' 함을 의미합니다. 예수님을 팔고 산 사람들은 각자 자신들의 이권을 위해 서로 돈을 주고

받으며 예수님을 팔고 있습니다. 예루살렘 성전의 대제사장 세력들은 예수님을 배신한 가롯 유다와 '은 삼십'을 두고 돈거래를 하며 예수님을 팔고 있습니다.

"열둘 중의 하나인 가롯 유다가 예수를 넘겨 주려고
대제사장들에게 가매"(막 14:10)

또한 예루살렘 성전의 대제사장 세력들은 빌라도 총독 압박용 카드로 '예수를 십자가에 못 박으라'고 외치기 위해 동원된 사람들에게 '전투 수당'의 돈거래를 했습니다.

"그들이 다시 소리 지르되
그를 십자가에 못 박게 하소서"(막 15:13)

그리고 예루살렘 성전의 대제사장 세력들은 십자가에서 죽으신 예수님의 무덤을 지키다가 부활을 직접 목도한 로마 병사들에게 '큰돈'을 주어 그들로 하여금 부활의 증인이 아니라, 부활의 거짓 증인이 되게 했습니다. 예수님의 부활 뒤에도 이렇게 음험한 돈거래가 있었습니다.

그런데 사실 대제사장 세력들과 가장 큰 돈거래를 한 사람은 로마 제국이 유대에 파견한 빌라도 총독이었습니다.
당시 로마 제국의 원로원 의원들 사이에서, 유대 총독으로 부임하는 빌라도가 유대에 가서 크게 한몫 잡아올 것이라는 예상은 너무나 당연한 일이었습니다. 유대의 예루살렘 성전은 그들이 보기에는 '황금알을 낳는 거위'였으며, 로마 제국이 다스리는 식민지 전(全) 지역에 로마 군단을 이끌고 총독으로 부임하는 '총독들'[23]은 어느 누구 하나 예외 없이 다 '돈을 사랑하는 사람들'이었기 때문입니다.

빌라도 총독은 예상대로 유대에 총독으로 부임하자마자 예루살렘 성전의 대제사장 세력들로부터 '로마 총독 예우에 걸맞은 큰돈을 뇌물'로 받기 시작했고, 빌라도는 우아하게 돈값(?)을 하며 예루살렘 성전의 대제사장들의 뒤를 봐주었습니다. 그와 같은 이유로 빌라도 총독은 유월절 새벽에 대제사장 세력들이 말도 안 되는 내용으로 예수님 재판을 해달라는 그 청탁을 거절할 수 없었습니다.

대제사장의 계획, 이번 유월절에는 죽이지 말자

한편 예수님께서 '이번 유월절에 팔려서 십자가를 지겠다'고 계획하고 계셨을 때에, 예루살렘 성전의 대제사장 세력들은 '눈엣가시인 예수를 죽이기는 해야겠지만 이번 유월절은 피하자'는 계획을 세우고 있었습니다.

---

23) 로마 제국의 총독(proconsul, governor, viceroy)은 로마가 다스리던 식민지 지역에 파견한 고위직으로 자기가 맡은 지역에 대해 로마 제국이 부여한 전적인 행정 권한을 가짐. 로마는 매년 두 명씩 선출된 집정관들을 전직 집정관 자격으로 각 속주에 총독으로 파견했음. 특히 유대는 독특한 종교문화적 배경을 가진 지역이므로 종교권은 지방자치부인 산헤드린 공회의 의결에 따랐고, 지역을 다스리는 사법권과 군사권은 총독이 가짐.

대제사장들이 함께 이야기하다 _ 제임스 티소 作

그들은 그들의 사업장(?)인 예루살렘 성전의 '이방인의 뜰'에서 돌이킬 수 없는 큰 물의를 일으킨 예수님을 죽여 없애야겠다는 생각을 하기는 했습니다. 하지만 그들은 노련했기 때문에 의지는 강했지만, 실천은 생각보다 쉽지 않다는 것을 알고 있었습니다.

"예수께서 날마다 성전에서 가르치시니
대제사장들과 서기관들과 백성의 지도자들이
그를 죽이려고 꾀하되
백성이 다 그에게 귀를 기울여 들으므로
어찌할 방도를 찾지 못하였더라"(눅 19:47-48)

대제사장 세력들을 주춤하게 했던 또 하나의 이유는, 예루살렘 성으로 입성하시는 예수님을 향해 종려나무 가지를 흔들며 '호산나 다윗의 자손이여'를 외치던 유대 민중들의 열광적 지지 때문이었습니다.

그들 생각대로 예수님을 죽이려 든다면, 예수님으로부터 희망을 찾고 있는 유대 민중들이 민란을 일으킬까 두려웠던 것입니다. 그래서 그들은 일단 '이번 유월절에는 예수를 죽이지 말자'는 잠정 결론을 내리고 있었습니다.

> 무리의 대다수는 그들의 겉옷을 길에 펴고
> 다른 이들은 나뭇가지를 베어 길에 펴고
> 앞에서 가고 뒤에서 따르는 무리가 소리 높여 외칩니다.
> "호산나 다윗의 자손이여 찬송하리로다
> 주의 이름으로 오시는 이여 가장 높은 곳에서 호산나"
> 예수께서 예루살렘에 들어가시니
> 온 성이 소동하여 서로 말합니다.
> "이는 누구냐"
> 무리가 서로 말합니다.
> "갈릴리 나사렛에서 나온 선지자 예수라"(마 21:8-11)

> "예수를 흉계로 잡아 죽이려고 의논하되 말하기를
> 민란이 날까 하노니 명절에는 하지 말자 하더라"(마 26:4-5)

그런데 대제사장 세력들이 그들의 계획을 번복해 '이번 유월절에 예수를 죽이자'고 결정할 수 있는 절호의 기회가 생겼습니다. 바로 예수님의 제자 가룟 유다가 돈을 주면 예수님을 그들에게 팔아넘기겠다며 그들을 찾아왔던 것입니다.

그러자 그들은 이 좋은 기회를 놓치지 않기 위해, 그리고 유대 민중들까지도 감쪽같이 속이기 위해, 더 나아가 자신들의 손에는 피를 묻히지 않고 그동안 이럴 때를 위해 예비해둔 '그들의 보험 빌라도 총독'이라는 카드를 사용해 예수를 죽이기로 결정합니다.

예루살렘 성전의 대제사장 세력들은 로마 제국하임에도 불구하고, 유대 사회와 로마 제국하의 흩어진 모든 디아스포라 유대인들에게 자신들의 〈산헤드린 공회의 결정〉을 따르게 할 수 있는 '종교 권력과 경제력'이 있었습니다.
때문에 그들이 '이번 유월절에 예수를 십자가에 못 박아 죽이겠다'고 한 의결은 곧 법이었습니다.

그들은 〈산헤드린 공회 재판〉을 통해 '자신들이 판결했기 때문'에 '그 유월절에 예수가 십자가에서 죽었다'고 자부하고 오해했습니다. 그러나 '예수님의 십자가'는 1,500년 된 유월절을 마지막 유월절이 되게 하시고 첫 번째 성찬식으로 바꾸신 '예수님의 계획'이셨습니다. 그리고 그들의 〈산헤드린 공회 재판〉과 〈빌라도 재판〉을 오히려 사용하신 분은 하나님이셨습니다.

빌라도의 계획, 유월절 사면권을 내놓다

이제 '이번 유월절'에 나름대로 자신만의 계획을 가지고 있었던 또 한 사람을 살펴보겠습니다. 그는 바로 로마 제국이 유대에 파견한 총독 빌라도[24]입니다. 빌라도는 '유월절 명절'을 가지고 자신들의 이익을 위해 로마 총독인 자신까지도 이용하려는 대제사장 세력들의 계획을 이미 눈치 채고 있었습니다.

때문에 빌라도는 오히려 자기의 모든 정치력을 발휘해 '유월절을 역이용'하려는 계획을 세웠습니다. 빌라도는 대담하게 '비장의 카드'를 세 개나 준비하고 있었습니다.

빌라도의 첫 번째 카드는, 예수님의 재판을 다시 〈산헤드린 공회 재판〉으로 되돌리는 것입니다.

빌라도가 말합니다.

"너희가 그를 데려다가 너희 법대로 재판하라"(요 18:31)

그런데 노련한 대제사장 세력들은 빌라도의 첫 번째 카드를 이미 예상하고 그 자리에서 빌라도 스스로 자신의 카드를 접게 해버렸습니

---

24) 본디오 빌라도(Pontius Pilate) : 로마 티베리우스 황제가 임명한 유대 지역 5대 총독. A.D. 26년부터 10년간 유대, 사마리아, 이두매 지역을 통치함. 요세푸스의 기록에 의하면 그는 고집스럽고 잔인한 사람이었다고 함. 예수님의 십자가 사건으로부터 약 7년 후인 A.D. 36년에 로마에 소환되어 해임된 빌라도는 실의에 빠진 날들을 보내다 결국 자살했다고 함. 빌라도는 평상시에는 병력이 있는 가이사랴에 주둔했으나 유월절과 같은 유대의 특별한 명절 때에는 예루살렘에 머물며 특별 순찰을 강화했다고 함.

다. 그러자 빌라도는 '두 번째 카드'를 내밀었습니다.

빌라도는 〈산헤드린 공회〉가 자신에게 떠넘긴 '골치 아픈 예수님 사건'에 대해 〈산헤드린 공회〉가 원하는 질문 하나만 공식적으로 예수님께 하고 난 후, 이 일을 유대 민족 안에서 일어난 종교 반란으로 규정해 이 사건에서 빠져나가려고 했습니다.
그런데 예수님께서 빌라도를 당황하게 만드셨습니다.

예수께서 총독 앞에 섰으매 총독이 묻습니다.
"네가 유대인의 왕이냐"
예수께서 대답하십니다.
"네 말이 옳도다"(마 27:11)

그러자 빌라도가 드디어 '마지막으로 세 번째 카드'를 내밀었습니다. 바로 로마 총독이 유월절에 죄수 한 사람을 놓아주는 전례에 따라 '유월절 사면권'을 사용하겠다는 것입니다.

"명절이 되면 백성들이 요구하는 대로
죄수 한 사람을 놓아 주는 전례가 있더니"(막 15:6)

빌라도는 대제사장들이 예수님을 시기하고 있다는 것도 알고 있었고, 대제사장들의 의도대로 예수님을 처형하면 유대 민중들이 민란을 일으킬 수도 있다는 것을 이미 다 알고 있었습니다. 때문에 빌라도는 어떻게든 이번 재판에서 빠져나가기 위해 온갖 수를 다 썼습니다. 그래서 빌라도는 비장의 히든카드인 '유월절 특사'까지 내놓았던 것입니다.

로마 총독 입장에서는 까다롭기로 유명한 유대 민족을 문제없이 잘 통치하는 방법의 일환으로 그들에게 가장 중요한 명절인 '유월절'에 '유월절 특사'를 잘 이용하는 것은 정치적으로 너무나 당연했습니다.

유대를 통치하는 '로마의 총독들'이 그들의 히든카드로 '유월절 특사'를 사용했다면, 유대를 다스리는 또 하나의 정치 세력이었던 유대의 '분봉 왕 헤롯'[25]은 유대인들의 환심을 사기 위해 다윗 성전에 비해 매우 작았던, 귀환공동체가 건축했던 '스룹바벨 성전의 증축'을 도와주며 자신의 정치적 입지를 다졌습니다.

헤롯의 예루살렘 성전 증축은 매우 성공적이었습니다. 헤롯은 에돔족이었음에도 불구하고 유대인들이 가장 원하는 것을 알고 그것을 해결해주었던 것입니다.

---

[25] 분봉 왕(分封 王, tetrach)은 한 국가의 지역 일부를 나누어 그곳의 통치를 위임받은 왕. 영주라고도 함. 로마는 식민지에 로마 총독을 파견하거나 제국에 충성도가 높은 분봉 왕을 세워 다스렸는데 유대에는 특별히 총독과 분봉 왕을 모두 두었음. 헤롯(대헤롯, Herod Graet)은 34년간 유대를 통치했으며 사후 자신이 다스리던 곳을 3등분하여 유대(사마리아와 이두매 포함)는 헤롯 아켈라오(Herod Archelaus), 갈릴리와 베레아는 헤롯 안티파스(Herod Antipas), 갈릴리 호수의 동부와 남동부 지역은 헤롯 빌립(Herod Philop II)에게 다스리게 함. 대헤롯은 안토니아 요새에서 대제사장의 의복을 보관함. 때문에 대제사장은 성전에서 직무를 행하기 전에 총독에게 대제사장 의복을 요청해야 했음. 이후 이 전례를 로마도 그대로 따라 대제사장 옷을 돌로 된 방에 보관하여 제사장과 성전 경비병들이 봉인하고, 등을 밝혀 두었음(요세푸스,《유대 고대사》). 예수님께서 '저 여우'(눅 13:31-32)라고 지칭한 사람은 헤롯 안티파스였음.

로마 제국은 이처럼 정치력 있는 총독과 분봉 왕을 통해 유대를 문제없이 잘 다스리며 그곳에서 엄청난 세금을 거두어갔습니다. 그리고 로마 제국은 페르시아 제국 때 만들어진 유대 민족의 자치기구인 대제사장 세력들을 중심으로 한 〈산헤드린 공회〉를 '인정'해주며 그들 내부에서 종교 재판이 자율적으로 이루어질 수 있도록 허락해주었습니다.

또한 로마 제국은 '총독 관저와 군단이 있는 군사 시설'을 '예루살렘이 아닌 가이사랴에 주둔'시킴으로 예루살렘 성전을 존중하는 제스처를 취했습니다. 그리고 예루살렘 성전과 유대 민족에게 가장 중요한 명절을 존중한다는 의미에서 '유월절 특사 제도를 시행'했습니다. 빌라도는 바로 이 카드를 사용하겠다는 것입니다.

빌라도는 '유월절 특사' 카드를 보다 정치적으로 잘 활용하기 위해 민란과 살인으로 유명한 죄수 바라바[26]와 예수, 둘 중에 한 사람을 사면하겠다고 유대 민중들에게 선택하라고 했습니다.

"민란을 꾸미고 그 민란중에 살인하고 체포된 자 중에
바라바라 하는 자가 있는지라"(막 15:7)

"너희는 내가 누구를 너희에게 놓아 주기를 원하느냐
바라바냐 그리스도라 하는 예수냐"(마 27:17)

---

26) 바라바(Barabbas)는 유명한 죄수로 폭도이자 살인자였음. 민중들이 선택할 수밖에 없는 극악무도한 죄인이었을 것 이후 행적에 대해서는 알려진 바 없음.

빌라도의 재판 _ 안토니오 치세리 作

그런데 놀랍게도 대제사장 세력들은 빌라도가 '유월절 특사' 카드까지 내놓을 것도 미리 예측하고 대비를 해두었습니다. 그래서 그들은 예수님께서 예루살렘성에 입성하실 때에 종려나무 가지를 흔들며 '호산나 다윗의 자손이여'라며 열광하던 가난한 유대 민중들에게 돈을 나누어줌으로 잠시 팍팍한 현실에서 벗어나는 길을 열어주었습니다.

빌라도가 묻습니다.
"진리가 무엇이냐"
이 말을 하고 다시 유대인들에게 나가서 말합니다.
"나는 그에게서 아무 죄도 찾지 못하였노라

유월절이면 내가 너희에게 한 사람을 놓아 주는 전례가 있으니
그러면 너희는 내가 유대인의 왕을
너희에게 놓아 주기를 원하느냐"(요 18:38-39)

"대제사장들과 장로들이 무리를 권하여
바라바를 달라 하게 하고
예수를 죽이자 하게 하였더니"(마 27:20)

가난한 유대 민중들은 대제사장들의 의도대로 돈 몇 푼에 예수님 대신 바라바를 '유월절 특사'로 풀어달라고 소리를 지르며 빌라도를 압박했습니다.

'유월절 사면 카드'까지도 실패하자 빌라도는 몹시 당황했습니다. 그래서 빌라도는 모든 것을 포기한 채 유대 민중들에게 마지막으로 질문했습니다.

"그러면 너희가 유대인의 왕이라 하는 이를 내가 어떻게 하랴"
그들이 다시 소리 지릅니다.
"그를 십자가에 못 박게 하소서"(막 15:12-13)

그러자 빌라도는 예수님의 십자가 처형이 자신의 책임이 아니라, 유대 민중들의 요구 때문이라는 사실을 분명히 했습니다. 즉, 빌라도의 판결로는 예수님에게 죄가 없지만 유대 민중들이 너무나 강력하게

요구했기 때문에 십자가 판결을 내려준 것이고, 예수님의 피에 대해서 자신은 무죄하다는 퍼포먼스로 유대 민중들 앞에서 자신의 손을 씻었습니다.

> 빌라도가 아무 성과도 없이 도리어 민란이 나려는 것을 보고
> 물을 가져다가 무리 앞에서 손을 씻으며 말합니다.
> "이 사람의 피에 대하여 나는 무죄하니 너희가 당하라"
> 백성이 다 대답합니다.
> "그 피를 우리와 우리 자손에게 돌릴지어다"(마 27:24-25)

그러나 우리는 늘 하나님께 예배드리면서 〈사도신경〉으로 '본디오 빌라도에게 고난을 받으사'라고 한목소리로 고백합니다. 빌라도가 아무리 손을 씻으면서까지 책임을 회피했어도, 예수 십자가 판결의 최종 책임자는 어찌됐든 로마 총독 빌라도였기 때문입니다.

> "빌라도가 무리에게 만족을 주고자 하여 바라바는 놓아 주고
> 예수는 채찍질하고 십자가에 못 박히게 넘겨 주니라"(막 15:15)

로마 총독의 허락하에 십자가는 결정되었지만, 이는 하나님의 오래된 계획이셨고 이렇게 예수님께서는 우리 모든 인생들의 죄를 대신 담당하시기 위해 '하나님의 어린 양'으로 물과 피를 다 쏟으시고 죽으신 것입니다.

예수님, 마지막 유월절 날 첫 번째 성찬식 하다

십자가를 지시기 전날 밤 제자들과 함께 마지막 유월절을 첫 번째 성찬식으로 거행하셨던 예수님께서는 부활하신 후에도 예수님의 죽음으로 인해 상심과 절망 가운데 빠져 있는 제자들에게 힘을 주시기 위해 직접 제자들을 찾아가셔서 '함께 식사'하셨습니다.

부활하신 예수님께서 디베랴 호숫가에서 숯불을 지펴 생선과 떡을 준비해 놓으시고 '제자들을 식사에 초대'하셨습니다. 예수님께서는 언제나 제자들과 함께 먹기를 원하고 원하셨습니다.

육지에 올라보니 숯불이 있는데
그 위에 생선이 놓였고 떡도 있었습니다.
예수께서 말씀하십니다.
"지금 잡은 생선을 좀 가져오라"

시몬 베드로가 올라가서 그물을 육지에 끌어 올리니
가득히 찬 큰 물고기가 백쉰세 마리였습니다.
이같이 많으나 그물이 찢어지지 아니하였습니다.
예수께서 말씀하십니다.
"와서 조반을 먹으라"
제자들이 주님이신 줄 알기에
당신이 누구냐 감히 묻는 자가 없습니다.

예수께서 가셔서 떡을 가져다가 그들에게 주시고
생선도 그와 같이 하십니다. (요 21:9-13)

그렇게 제자들과 늘 함께 식사하시기를 좋아하셨던 예수님께서는 십자가를 앞두시고 제자들과 가질 마지막 유월절 식사를 마음먹고 준비하셨습니다. 예수님께서는 두 제자로 하여금 유월절 음식과 포도주를 준비하게 하시며 잔치다운 잔치 즉, '첫 번째 성찬식'을 준비하셨습니다.

예수께서 베드로와 요한을 보내시며 말씀하십니다.
"가서 우리를 위하여 유월절을 준비하여 우리로 먹게 하라"
"어디서 준비하기를 원하시나이까"
"보라 너희가 성내로 들어가면
물 한 동이를 가지고 가는 사람을 만나리니
그가 들어가는 집으로 따라 들어가서 그 집 주인에게 이르되
선생님이 네게 하는 말씀이 내가 내 제자들과 함께 유월절을 먹을
객실이 어디 있느냐 하시더라 하라
그리하면 그가 자리를 마련한
큰 다락방을 보이리니 거기서 준비하라"
그들이 나가 그 하신 말씀대로 만나 유월절을 준비합니다.
(눅 22:8-13)

예수님께서 오래전부터 계획하시고 예비하신 유월절 식사는, 베드

최후의 만찬 _ 레오나르도 다빈치 作

로와 요한을 통해 준비하게 하셨습니다. 예수님의 두 제자, 베드로와 요한은 예수님의 말씀대로 예루살렘 성안으로 들어가서 물 한 동이를 가지고 가는 사람을 만나 그 집 주인에게 '선생님과 그의 제자들이 함께 유월절을 먹을 객실이 어디에 있습니까?' 하고 물었습니다.

예수님께서 제자들과 함께 유월절 음식을 먹으며 머물 장소는 예루살렘 성안이어야 했습니다. 그러자 그 주인은 준비한 큰 다락방[27]으로 예수님의 두 제자를 안내했습니다. 그렇게 마련된 큰 다락방에서 예수님께서는 열두 제자들과 함께 준비된 유월절 음식을 나누셨습니다. 유월절 식사, 그것은 예수님께서 제자들과 함께하신 최후의 만찬이자, 첫 번째 성찬식이었습니다.

---

27) 사도행전 1장 13절 "그들이 유하는 다락방"과 사도행전 12장 12절의 "마가라 하는 요한의 어머니 마리아의 집"을 근거로 이곳을 마가의 다락방이라고 추측함.

원래 '유월절 음식'은 '구운 양 고기와 무교병[28]과 쓴 나물'이었습니다. 그동안 집에서 기르던 양을 잡아 피는 바르고, 기름은 태우고, 양의 고기는 그 머리와 다리와 내장을 모두 불에 구웠습니다. 이 형식대로 예수님의 두 제자들인 베드로와 요한은 부지런히 유월절 음식과 포도주를 준비했을 것입니다.

예수님께서는 제자들과 함께 유월절 먹기를 원하고 또 원하셨다고 말씀하셨습니다. 돌이켜보니 1,500년 전 첫 번째 유월절은 그 자체가 목적이 아니었습니다. 결국 하나님의 구원 계획은 마지막 유월절에 시작하실 '첫 번째 성찬식'에 있었습니다.

애굽(이집트)에서의 첫 번째 유월절은, 사실 마지막 유월절을 준비한 날이었습니다. 그래서 예수님께서 '이 날을 기다리고 기다리셨으며, 원하고 또 원하셨던 것'입니다. 이것이 하나님께서 1,500년을 기다리신 '마지막 유월절'입니다.

마지막 유월절은 손으로 짓지 않은 '하늘 성소 십자가'에 들어가시기 바로 직전의 '그 날'이었습니다.

'손으로 성소'를 지을 때, 이미 '손으로 짓지 아니한 십자가 하늘 성

---

[28] 유월절 음식으로 사용된 무교병(Bread without yeast)은 누룩을 넣지 않고 만든 빵 또는 과자류임. 출애굽 때 발효되지 않은 반죽을 갖고 나와서 무교병을 만들어 먹음. 이후 생각지 않은 손님이 찾아와서 급히 음식을 만들 때에도 무교병이 등장함(삼상 28:24). 무교병은 제사장 위임식, 소제와 화목제를 드릴 때 사용함. 무교병과 쓴 나물은 출애굽의 긴박한 상황과 애굽에서의 고난을 상징함. 하여 신명기에는 무교병을 고난의 떡(신 16:3)이라 표현함.

소를 준비'한 것입니다. 그러므로 '모세 때 지은 성소'는 '참 것, 즉 하늘 성소의 그림자'로 '참 것'을 예고하기 위해 먼저 나타났던 것입니다. 그리고 모세 때 애굽(이집트)에서 지켰던 '첫 번째 유월절'도, '첫 번째 성찬식을 위한 그림자'라고 할 수 있습니다.

"그들이 섬기는 것은 하늘에 있는 것의 모형과 그림자라
모세가 장막을 지으려 할 때에 지시하심을 얻음과 같으니
이르시되 삼가 모든 것을 산에서
네게 보이던 본을 따라 지으라 하셨느니라"(히 8:5)

하나님께서는 예수님께서 행하실 '첫 번째 성찬식'을 위해 참으로 오랫동안 준비하신 것입니다.

"그리스도께서는 참 것의 그림자인
손으로 만든 성소에 들어가지 아니하시고
바로 그 하늘에 들어가사
이제 우리를 위하여 하나님 앞에 나타나시고"(히 9:24)

예수님의 '첫 번째 성찬식'은 십자가 이후 하나님 나라에서 주님 오실 때까지 기념해야 될 의식으로 완성하신 '새 언약'입니다.

첫 번째 성찬식,
십자가 지시기 전날 밤 떡과 포도주로 시작하시다

예수님께서는 벳새다 들녘에서 많은 사람들을 위해 보리떡과 생선을 들고 축사하신 후에 그들에게 받아먹게 하셨습니다. 그런데 그때에는 '이는 내 몸이다'와 같은 말씀을 하시지 않았습니다. 그저 그들이 배고파 굶주린 채 집으로 돌아가는 길이 안타까우셔서 먹이신 것입니다.

"여기 한 아이가 있어
보리떡 다섯 개와 물고기 두 마리를 가지고 있나이다
그러나 그것이 이 많은 사람에게 얼마나 되겠사옵나이까"
예수께서 말씀하십니다.
"이 사람들로 앉게 하라"
그 곳에 잔디가 많은지라
사람들이 앉으니 수가 오천 명쯤 되었습니다.
예수께서 떡을 가져 축사하신 후에
앉아 있는 자들에게 나눠 주시고
물고기도 그렇게 그들의 원대로 주십니다. (요 6:9-11)

그런데 예수님께서 제자들과 함께 마지막 유월절 식사를 하시면서는 떡을 떼어주시며 "받아서 먹으라. 이것은 내 몸이니라"는 말씀을 하셨습니다. '유월절 어린 양의 몸을 먹는 것처럼 당신의 몸을 받아먹으라고 하셨습니다. 음식은 사람의 몸으로 들어가서 사람과 서로 하나가 됩니다.

    이렇게 제자들에게 떡을 떼어주신 후에 예수님께서 이번에는 잔을 가지시고 "이것을 받아 마시라. 이것은 나의 피 곧 언약의 피이니라"고 말씀하셨습니다.
    그동안 유월절의 피는 '바르라'였습니다. 그런데 이제 '바르라'에서 '마시라'로 바뀐 것입니다. 이는 단번에 십자가 지성소에서 흘리는 예수님의 '마지막 피로 세운 언약'을 말씀하심이었습니다.

    하나님께서 아담에게 '가죽옷'을 입혀주시면서 '피 흘림'이 시작되었습니다. '피 흘림' 없이는 '죄 사함'이 없습니다. 이제 단번에 십자가에서 흘리신 예수님의 피로 모든 것이 끝났습니다. 이는 하나님 앞에 올려드리는 '완전한 제사'였습니다.

> "이러므로 첫 언약도 피 없이 세운 것이 아니니
> 모세가 율법대로 모든 계명을 온 백성에게 말한 후에
> 송아지와 염소의 피 및 물과 붉은 양털과 우슬초를 취하여
> 그 두루마리와 온 백성에게 뿌리며
> 이르되 이는 하나님이 너희에게 명하신 **언약의 피**라 하고
> 또한 이와 같이 피를
> 장막과 섬기는 일에 쓰는 모든 그릇에 뿌렸느니라
> 율법을 따라 거의 모든 물건이 피로써 정결하게 되나니
> **피흘림이 없은즉 사함이 없느니라**"(히 9:18-22)

"이것은 죄 사함을 얻게 하려고 많은 사람을 위하여 흘리는 바 나의 피 곧 **언약의 피니라**"(마 26:28)

'유월절 어린 양'이라는 말이 바탕이 되어야 '하나님의 어린 양'을 이해할 수 있습니다. 이처럼 모세와 언약을 맺을 때에도 피를 뿌린 이야기들이 바탕이 되어야 예수의 피가 '언약의 피'가 됨을 이해할 수 있습니다.

모세 때 짐승을 잡아 피를 뿌리고 행한 모든 것들은 바로 예수님의 '그 순간'을 위한 예비였습니다. 하나님의 경륜에 따른 예정이 '때가 차매' 이렇게 나타난 것입니다.

> 모세가 여호와의 모든 말씀을 기록하고 이른 아침에 일어나
> 산 아래에 제단을 쌓고
> 이스라엘 열두 지파대로 열두 기둥을 세우고
> 이스라엘 자손의 청년들을 보내어
> 여호와께 소로 번제와 화목제를 드리게 하고
> 모세가 피를 가지고
> 반은 여러 양푼에 담고 반은 제단에 뿌리고
> 언약서를 가져다가 백성에게 낭독하여 듣게 하니
> 그들이 말합니다.
> "여호와의 모든 말씀을 우리가 준행하리이다"
> 모세가 그 피를 가지고 백성에게 뿌리며 말합니다.
> "이는 여호와께서 이 모든 말씀에 대하여

너희와 세우신 언약의 피니라"(출 24:4-8)

일찍이 하나님께서는 '유월절 어린 양'의 피를 집 좌우 문설주와 인방에 바른 가정의 장자들은 살려주신다는 약속을 지키셨습니다.

사실 애굽(이집트)의 장자들도 이스라엘 민족의 장자들도 창조주 하나님 앞에서는 모두 죄인들이었습니다. 다를 것이 없습니다. 그런데 하나님께서는 '어린 양의 피'를 보고 '넘어가심'(passover)으로 이스라엘 민족의 장자들은 살려주셨습니다.

이제 하나님께서는 '예수의 피'를 보고 우리를 구원해주십니다. 이것이 하나님과 우리 사이의 '새 언약'입니다. 구약성경의 수많은 이야기들을 통해 하나님은 반드시 언약을 지키시는 분임을 확신할 수 있습니다.

이제 '예수님의 마지막 피'로 말미암아 더 이상 하나님과 인간 사이에 '피로 맺은 언약'은 없습니다. 그러므로 더 이상 구약의 '다섯 가지 제사'를 드려서는 안 됩니다. 더 이상 짐승의 피로 제사를 드리면 안 되는 것입니다. 그것은 '십자가를 헛되이 하는 것, 예수의 보혈을 헛되이 하는 것'이기 때문입니다.

예수님께서는 첫 번째 성찬식을 거행하실 때 '떡과 포도주'를 가지고 '나를 기념하라'고 말씀하셨습니다. 그 이전까지는 번제, 소제, 화목제, 속죄제, 속건제, 이 '다섯 가지 제사'는 각각 드리는 형식이 필요했습니다. 그러나 예수님의 첫 번째 성찬식 이후부터는 모든 제사의 형식들은 끝이 나고, 예수님의 성찬식인 '떡과 포도주'로 동일한 형식이 되었습니다.

애굽(이집트)에서 시작된 유월절 음식은 구운 양 고기, 무교병, 쓴 나물이었습니다. 그 이후 이스라엘 민족은 유월절을 지킬 때 포도주도 함께 마시며, 준비한 유월절 음식을 나누고 먹었습니다. 때문에 예수님의 마지막 유월절 식사에 포도주[29]가 들어간 것은 특별한 일은 아니었습니다.

그런데 예수님께서 첫 번째 성찬식에 '떡과 포도주'를 준비하시고 그것이 '성찬 음식'이 되게 하셨습니다. 여기에서 우리는 포도주에 주목할 필요가 있습니다.

사실 포도주는 성경에 많이 기록되어 있는 중요한 음료입니다. 성경에서 포도나 포도주가 처음 등장한 것은 노아 때였습니다. 홍수가 그치고 다시 한 번 생육과 번성의 복을 하나님께 받은 '노아가 처음 시작한 것이 포도 농사'였습니다.

---

[29] 포도주(wine)는 포도의 즙을 발효하여 만든 음료. 포도를 수확하여 포도주 틀에 포도송이를 넣고, 발로 밟아 즙을 만든 후 가죽 부대나 토기에 넣어 발효함. 물이 귀한 유대 지역에서는 포도는 일상적인 음료수로, 제사용품으로, 약용으로 사용함. 고대 이집트 문헌 *The Story of Sinuhe*에서 유대 지역을 '물보다 포도주가 더 흔한 곳'으로 표현할 정도임. 성경에 왕들의 포도원과 포도주 곳간, 포도주 틀에 대한 기록(대상 27:27; 슥 14:10)과 고대 근동에서 최상의 포도주로 알려져 두로의 상인들의 무역품인 헬본 포도주의 기록(겔 27:18) 등이 있음. 또한 예루살렘에서는 유대 지역에서 기른 포도로 만든 포도주만 사용했다고 함. 품질이 좋은 이유도 있었지만 다른 지역 특히 사마리아 땅을 거쳐 포도주를 운송하다 보면 포도주가 부정하게 되기 때문. 미쉬나에서는 포도주를 얻는 마을 다섯 곳의 이름이 열거되어 있음(알프레드 에데스하임, 《유대인 스케치》 p.90, 노이바우어 《탈무드의 지리학》 p.84).

아브라함과 멜기세덱의 만남 _ 루벤스 作

"노아가 농사를 시작하여 포도나무를 심었더니
포도주를 마시고 취하여
그 장막 안에서 벌거벗은지라"(창 9:20-21)

그 이후 성경에 등장하는 포도주 이야기는, '하나님의 제사장 살렘 왕 멜기세덱'이 롯을 구하기 위해 벌어진 전쟁에서 승리하고 돌아오는 '아브라함에게 떡과 포도주'를 가지고 나와 영접한 일이 기록되어 있습니다.

아브라함은 멜기세덱의 축복을 받고, 하나님의 돌보심에 감사하여 십일조를 드렸습니다. 이후에 〈시편〉과 〈히브리서〉에 표현된 대로 '멜기세덱의 서열에 따라 영원한 제사장'이 되시는 예수님, 그리고 '떡과 포도주로 기념하라' 하신 '성찬식'은 서로 연결이 됩니다.

> "살렘 왕 멜기세덱이 떡과 포도주를 가지고 나왔으니
> 그는 지극히 높으신 하나님의 제사장이었더라"(창 14:18)

> "여호와는 맹세하고 변하지 아니하시리라 이르시기를
> 너는 멜기세덱의 서열을 따라
> 영원한 제사장이라 하셨도다"(시 110:4)

> "그리로 앞서 가신 예수께서 멜기세덱의 반차를 따라
> 영원히 대제사장이 되어
> 우리를 위하여 들어 가셨느니라"(히 6:20)

그 이후 모세 때에 광야에서 모세가 정탐꾼들을 가나안으로 들여보내면서 그곳의 토지가 비옥한지, 나무가 있는지 확인해서 그 땅의 실과를 가져오라고 명령했을 때, 정탐꾼들이 모세에게 가져온 것도 다름 아닌 '포도송이가 달린 가지'였습니다.

> "또 에스골 골짜기에 이르러
> 거기서 포도송이가 달린 가지를 베어
> 둘이 막대기에 꿰어 메고
> 또 석류와 무화과를 따니라"(민 13:23)

하나님께서 인생들에게 복 주시기를 바라며 복의 말씀을 하실 때에도 빠지지 않고 언급한 것이 '포도주'였습니다.

"하나님은 하늘의 이슬과 땅의 기름짐이며
풍성한 곡식과 포도주를 네게 주시기를 원하노라"(창 27:28)

그리고 소외된 이들을 위한 〈제사장 나라〉의 법으로 명하신 말씀에도 '포도원과 포도 열매'는 꼭 들어갔습니다.

"네 포도원의 열매를 다 따지 말며
네 포도원에 떨어진 열매도 줍지 말고
가난한 사람과 거류민을 위하여 버려두라
나는 너희의 하나님 여호와이니라"(레 19:10)

또한 하나님께서는 '하나님의 법을 잘 지키면' 늘 곡식과 '포도주'와 기름이 떨어지지 않게 책임져 주실 것을 약속해주셨습니다.

"내가 오늘 너희에게 명하는 내 명령을
너희가 만일 청종하고
너희의 하나님 여호와를 사랑하여
마음을 다하고 뜻을 다하여 섬기면
여호와께서 너희의 땅에 이른 비, 늦은 비를
적당한 때에 내리시리니

너희가 곡식과 포도주와 기름을 얻을 것이요"(신 11:13-14)

예수님의 사역에서도 '포도'는 너무나 중요했습니다. '예수님께서 행하신 첫 기적'이 바로 가나의 혼인잔치 때 '물로 포도주를 만들어주신 사건'이었습니다.

예수께서 그들에게 말씀하십니다.
"항아리에 물을 채우라"
"이제는 떠서 연회장에게 갖다 주라"
연회장은 물이 변화된 포도주를 맛보고
어디서 났는지 서로 놀랐으나 물 떠온 하인들은 알았습니다.
연회장이 신랑을 불러 말합니다.
"사람마다 먼저 좋은 포도주를 내고 취한 후에 낮은 것을 내거늘
그대는 지금까지 좋은 포도주를 두었도다"
예수께서 이 첫 표적을 갈릴리 가나에서 행하여
그의 영광을 나타내시매 제자들이 그를 믿습니다.(요 2:7-11)

예수님께서는 유대 민중들에게 말씀을 가르쳐주실 때에도 포도를 가지고 알아듣기 쉽게 설명해주셨습니다.

"새 포도주는 새 부대에 넣어야 할 것이니라"(눅 5:38)

"나무는 각각 그 열매로 아나니

가시나무에서 무화과를, 또는 찔레에서
포도를 따지 못하느니라"(눅 6:44)

"나는 포도나무요 너희는 가지라
그가 내 안에, 내가 그 안에 거하면 사람이 열매를 많이 맺나니
나를 떠나서는 너희가 아무 것도 할 수 없음이라"(요 15:5)

포도주는 사실 〈제사장 나라〉에서 너무나 중요한 음료였습니다. 제사를 드릴 때에 '전제'로 포도주를 사용했기 때문입니다.

"번제나 다른 제사로 드리는 제물이 어린 양이면
전제로 포도주 사분의 일 힌을 준비할 것이요"(민 15:5)

또한 '유월절'을 지키기 위해 먼 곳에서 와서 '유월절 제물'을 준비할 때에도 등장하는 것이 바로 '포도주'였습니다.

"그 소제로는 기름 섞은 고운 가루 십분의 이 에바를
여호와께 드려 화제로 삼아 향기로운 냄새가 되게 하고
전제로는 포도주 사분의 일 힌을 쓸 것이며"(레 23:13)

'어린 사무엘'을 언약궤(법궤)가 있는 실로로 보내며 한나가 정성껏 준비했던 제물들 가운데에도 '포도주'는 빠지지 않았습니다.

"젖을 뗀 후에 그를 데리고 올라갈새
수소 세 마리와 밀가루 한 에바와 포도주 한 가죽부대를 가지고
실로 여호와의 집에 나아갔는데 아이가 어리더라"(삼상 1:24)

사실 성전에는 언제나 '포도주'가 가득 있었습니다.

"또 어떤 자는 성소의 기구와 모든 그릇과
고운 가루와 포도주와 기름과 유향과 향품을 맡았으며"(대상 9:29)

이처럼 성전에는 포도주가 항상 가득 있었기 때문에 제사장들의 오용과 남용이 발생하곤 했습니다. 때문에 하나님께서 늘 포도주를 조심할 것을 경고하셨습니다.

"너와 네 자손들이 회막에 들어갈 때에는
포도주나 독주를 마시지 말라
그리하여 너희 죽음을 면하라
이는 너희 대대로 지킬 영영한 규례라"(레 10:9)

예수님께서는 늘 사람들이 가장 가깝게 사용하는 일상적인 것들을 가지고 가르치셨습니다. 그래서 사람들과 이렇게 밀접한 포도주를 가지고 당신의 피를 상징하셨던 것입니다. 또한 예수님께서는 당신이 길, 진리, 생명이 되신다고 말씀해주셨습니다.

"내가 곧 길이요 진리요 생명이니
나로 말미암지 않고는 아버지께로 올 자가 없느니라"(요 14:6)

길, 진리, 생명 이런 것들은 모두 참으로 보편적인 것들입니다. 예수님께서는 실생활에서 보편적인 것을 가지고 알기 쉽게 가르치고 설명해주셨습니다. 또한 비둘기, 뱀, 여우, 이리, 양 등을 상징으로 사용하시면서 가르치고 설명해주셨습니다.

그런 연장선에서 예수님께서 성찬식에서는 '떡과 포도주를 상징'으로 사용하셨습니다. 떡과 포도주는 인간의 역사, 특히 이스라엘 백성들이 늘 가까이했던 것입니다.

성찬식의 떡과 포도주는 십자가에 내어놓으시는 예수님의 몸과 피를 구현해내는 상징이었습니다. 그리할 때 쉽게 기억하고 기념할 수 있습니다. 그 이전에는 날짜, 장소, 예물을 특정해 바로 그 날, 그 장소에서, 정한 예물을 가지고 하나님 앞에 나아가야 했습니다. 이를 어겨서 '여로보암의 길'이 나왔고, 북이스라엘이 멸망했던 것입니다.

그런데 이제는 '떡과 포도주'라는 형식을 가지고 '예수의 죽으심을 기념하는 것'입니다. 장소나 시간이 특정되지 않습니다. 굳이 특정한다면, '사나 죽으나', '때를 얻든지 못 얻든지'입니다.

때가 이르매 예수께서 사도들과 함께 앉으사 말씀하십니다.
"내가 고난을 받기 전에

너희와 함께 이 유월절 먹기를 원하고 원하였노라
내가 너희에게 이르노니
이 유월절이 하나님의 나라에서 이루기까지
다시 먹지 아니하리라"

이에 잔을 받으사 감사 기도 하시고
"이것을 갖다가 너희끼리 나누라 내가 너희에게 이르노니
내가 이제부터 하나님의 나라가 임할 때까지
포도나무에서 난 것을 다시 마시지 아니하리라"
또 떡을 가져 감사 기도 하시고
떼어 그들에게 주시며 말씀하십니다.

"이것은 너희를 위하여 주는 내 몸이라
너희가 이를 행하여 나를 기념하라"
저녁 먹은 후에 잔도 그와 같이 하며 말씀하십니다.
"이 잔은 내 피로 세우는 새 언약이니
곧 너희를 위하여 붓는 것이라"(눅 22:14-20)

"이르시되 이것은 많은 사람을 위하여 흘리는 나의 피
곧 언약의 피니라"(막 14:24)

그 다음 약속은 '내가 너희 안에 거한다는 것'입니다. 이 말을 사도

바울은 "내가 그리스도와 함께 십자가에 못 박혔나니 그런즉 이제는 내가 사는 것이 아니요 오직 내 안에 그리스도께서 사시는 것이라"(갈 2:20)고 고백했습니다.

'성령이 내 안에' 곧 성령이 임하신다는 이야기입니다. 이 말을 표시하는 방법이 바로 '성찬식'입니다. '성찬식'은 '예수님의 죽으심을 상징'합니다. 우리는 주님 오실 때까지 성찬식으로 '예수님의 죽으심을 기념'하는 것입니다.

> "내 살을 먹고 내 피를 마시는 자는 영생을 가졌고
> 마지막 날에 내가 그를 다시 살리리니
> 내 살은 참된 양식이요 내 피는 참된 음료로다
> 내 살을 먹고 내 피를 마시는 자는
> 내 안에 거하고 나도 그의 안에 거하나니"(요 6:54-56)

passover . communion

chapter 6
예수님의 성찬식과
십자가를 통(通)으로 보다

'십자가와 성찬식' 그리고 '성찬식과 십자가'는 둘을 나누어 따로 생각해서는 안 됩니다. '십자가와 성찬식'은 통(通)으로 가야 합니다. 예수님께서 다른 것 두 가지, 곧 십자가와 성찬식을 하나로 묶어 가셨기 때문입니다.

'유월절 어린 양'은 이스라엘 민족의 장자들을 살렸으며, '하나님의 어린 양'은 온 세상의 수많은 인생들을 살렸습니다. '하나님의 어린 양'은 십자가에서 흘리신 예수님의 피로 맺은 '새 언약'이 되어 영원한 속죄로 이어집니다. 이 모든 것을 실행한 곳이 바로 '하늘 성소, 십자가'였습니다.

이렇게 십자가는 '유월절 어린 양'이 '하나님의 어린 양'으로, '하나님의 어린 양'이 오직 '예수의 피, 새 언약'으로, 새 언약이 하늘 성소로

진행'되었음을 보여줍니다. 이렇게 십자가 이야기까지 담아야 '주의 죽으심'을 기념하는 '성찬식'으로 갈 수 있습니다.

그러므로 '성찬식'이라는 하나님 나라의 기념식 안에는 '성소 이야기, 언약 이야기, 하나님의 어린 양 이야기와 유월절 어린 양 이야기, 그리고 십자가 이야기'가 모두 담겨 있습니다.

이렇게 네 가지 이야기를 모두 연결해서 가져야 성찬식과 십자가를 통(通)으로 보는 것입니다.

유월절 어린 양, 히브리 장자를 위하여

먼저 '예수님의 성찬식과 십자가'를 이야기하려면 '유월절 어린 양'을 이야기해야 합니다. 유월절 어린 양은 〈제사장 나라〉를 위해서 이스라엘 민족의 장자들 모두를 살렸습니다. 하나님께서는 그렇게 이스라엘 민족의 장자들을 살리셔서 그들을 대신하는 '레위인'을 '하나님의 소유'로 삼으셨습니다.

〈제사장 나라〉에서 이스라엘 민족의 장자들을 대신해 하나님의 소유가 된 '레위인들'[30]은 '직업 선택의 자유'가 없었습니다. 그들은 〈제사장 나라〉를 위한 '헌신자들'로 세워졌기 때문입니다. 그들의 헌신으로 이스라엘의 모든 백성들은 〈제사장 나라 거룩한 시민〉으로 설 수 있었습니다.

"이스라엘 자손 중에 처음 태어난 것은
사람이든지 짐승이든지 다 내게 속하였음은
내가 애굽 땅에서 모든 처음 태어난 자를 치던 날에
그들을 내게 구별하였음이라
이러므로 내가 이스라엘 자손 중 모든 처음 태어난 자 대신
레위인을 취하였느니라"(민 8:17-18)

하나님의 어린 양, 많은 사람을 위하여

'유월절 어린 양'이 이스라엘 민족의 장자들을 살렸다면, '하나님의 어린 양'이신 하나님의 맏아들, 예수님 한 분이 죽으심으로 모든 사람이 살게 되었습니다. 우리는 '하나님의 어린 양' 예수께서 우리를 대속하신 구세주이심을 믿을 때 살 수 있습니다. '어린 양'의 의미는 '피 흘림'에 있습니다. 예수님께서 십자가 위에서 '하나님의 어린 양'으로 흘리신 그 피는 바로 '대속의 피'였습니다.

"인자가 온 것은 섬김을 받으려 함이 아니라
도리어 섬기려 하고

---

30) 레위인(Levites)은 레위의 아들 게르손, 고핫, 므라리의 후손을 말함. 이들은 아론과 그의 후손으로 구분된 제사장과 성전에서 일하는 모든 레위의 후손을 일컬음. 이들은 이스라엘 열두 지파의 장자들을 대신한 그룹으로 선택된 지파임. 열두 지파의 남자들은 20세 이상과 이하로 나누었지만 레위인은 1개월 이상 남자로 구별하고, 30세 이상 50세 이하를 구별함. 열두 지파 남자들은 20세가 되면 성인으로 직업을 가지고 민족을 위해 일하지만, 레위인들은 20세에서 10년을 더 준비한 후 봉사하고, 50세에는 현역에서 물러나 30세 이하 레위인들의 교육을 감당했을 것임.

자기 목숨을 많은 사람의 대속물로
주려 함이니라"(마 20:28)

"한 사람이 순종하지 아니함으로 많은 사람이 죄인 된 것 같이
한 사람이 순종하심으로 많은 사람이 의인이 되리라"(롬 5:19)

오직 예수님의 피로 세우는 새 언약, 영원한 속죄

하나님과 인간 사이의 언약에서 가장 중요한 것은 '피'입니다. '피 흘림'이 없이는 '죄 사함'이 없기 때문입니다. 또한 하나님과 인간 사이의 언약은 기억하고 의미화하고 새롭게 갱신하는 것입니다.

유월절 다음 날 애굽(이집트)을 나와서 하나님과 맺은 모세 언약, 즉 '옛 언약'에서는 '짐승의 피'가 필요했습니다. 때문에 '옛 언약'을 체결할 때에 '피'를 사용했으며, 그 언약을 기억하고 기념할 때도 계속해서 짐승의 피가 필요했습니다.

마찬가지로 '새 언약'을 체결할 때에도 '피'가 필요했습니다. 그러나 이때 필요한 피는 짐승의 피가 아닌, 하나님의 아들 '예수의 피'가 필요했습니다. 그런데 '새 언약'을 기억하고 기념하는 방법에서는 '예수님의 피' 대신 '예수님의 피를 상징하는 포도주'가 사용되었습니다. 그래서 '십자가와 성찬식'은 떼려야 뗄 수 없습니다.

"저녁 먹은 후에 잔도 그와 같이 하여 이르시되
이 잔은 내 피로 세우는 새 언약이니
곧 너희를 위하여 붓는 것이라"(눅 22:20)

예수님께서 흘리신 피가 무슨 의미인지는 〈히브리서〉를 통해 잘 알 수 있습니다. '염소와 송아지의 피로 드리는 제사'는 한 번으로 끝나는 것이 아니라, '매번 반복'해야만 했습니다. 그런데 오직 '예수님'은 '단번에 피 흘리심'으로 '영원한 속죄'를 이루셨습니다.

"그리스도께서는 장래 좋은 일의 대제사장으로 오사
손으로 짓지 아니한 것 곧 이 **창조에 속하지 아니한**
더 크고 온전한 장막으로 말미암아
염소와 송아지의 피로 하지 아니하고
오직 자기의 피로 영원한 속죄를 이루사
단번에 성소에 들어가셨느니라

염소와 황소의 피와 및 암송아지의 재를 부정한 자에게 뿌려
그 육체를 정결하게 하여 거룩하게 하거든
하물며 영원하신 성령으로 말미암아
흠 없는 자기를 하나님께 드린 그리스도의 피가
어찌 너희 양심을 죽은 행실에서 깨끗하게 하고
살아 계신 하나님을 섬기게 하지 못하겠느냐"(히 9:11-14)

세상의 어느 종교 경전에 피로 무엇을 이룬다고 하는 기록은 없습니다. 그런데 성경은 '피로 이루신 이야기'를 쓰고 있습니다. 짐승의 피를 말하고자 함이 아니라, 궁극적으로 '예수의 피'밖에 없음을 이야기합니다. '예수의 피'로 영원한 속죄를 이루신 하나님의 새 언약, 새 약속, 그리고 그 다음은 없습니다. 이것이 마지막 언약이기 때문입니다.

"이로 말미암아 그는 새 언약의 중보자시니
이는 첫 언약 때에 범한 죄에서 속량하려고 죽으사
부르심을 입은 자로 하여금
영원한 기업의 약속을 얻게 하려 하심이라"(히 9:15)

손으로 만들지 아니한 하늘 성소 십자가, 단번에 성소에

'새 언약'을 위한 '하나님의 준비'는 사실 아브라함 때부터 시작되었습니다. 하나님께서는 아브라함에게 삼 일 길을 가서 '모리아산에서 번제'를 드리라고 요구하셨습니다. 하나님께서 아브라함에게 '제사드릴 장소'를 직접 '지정'해주셨습니다.

여호와께서 말씀하십니다.
"네 아들 네 사랑하는 독자 이삭을 데리고 모리아 땅으로 가서
내가 네게 일러 준 한 산 거기서 그를 번제로 드리라"
아브라함이 아침에 일찍이 일어나 나귀에 안장을 지우고

두 종과 그의 아들 이삭을 데리고
번제에 쓸 나무를 쪼개어 가지고 떠나
하나님이 자기에게 일러 주신 곳으로 가더니
제삼일에 아브라함이 눈을 들어
그 곳을 멀리 바라봅니다.(창 22:2-4)

아브라함 이후 500년이 지나, 하나님께서 '모세를 떨기나무 가운데서 부르셨을 때'에도 "네가 선 곳은 거룩한 땅이니 신을 벗으라"고 말씀하셨습니다. 하나님께서 그곳에서 모세에게 '하나님의 임재'를 보여주셨습니다.

여호와께서 그가 보려고 돌이켜 오는 것을 보셨습니다.
하나님이 떨기나무 가운데서 그를 부르십니다.
"모세야 모세야"
"내가 여기 있나이다"
"이리로 가까이 오지 말라 네가 선 곳은 거룩한 땅이니
네 발에서 신을 벗으라"(출 3:4-5)

그 후 하나님께서는 출애굽 한 이스라엘 백성들과 언약을 체결하신 후 '모세에게' 십계명이 있는 돌판을 주시고자 "시내산으로 올라오라"고 말씀하셨습니다. 하나님께서 '특정 공간을 지정'해주시며 본격적인 준비의 시작을 알리셨습니다.

"여호와께서 시내 산 곧 그 산 꼭대기에 강림하시고
모세를 그리로 부르시니 모세가 올라가매"(출 19:20)

그리고 하나님께서는 시내산으로 올라간 모세에게 〈제사장 나라 거룩한 시민〉이 어떤 삶을 살아가야 하는지에 대해 세세히 말씀해주시며, 계명을 친히 쓰신 '두 돌판'을 주셨습니다.

"여호와께서 모세에게 이르시되
너는 산에 올라 내게로 와서 거기 있으라
네가 그들을 가르치도록
내가 율법과 계명을 친히 기록한 돌판을 네게 주리라"(출 24:12)

기쁨으로 산에서 내려오던 모세는 이스라엘 백성들이 기다리지 못하고 금송아지 우상을 만든 참담한 광경을 보고 하나님께서 친히 새겨주신 두 돌판을 던져 깨뜨려버렸습니다. 그 이후에 모세가 '죄지은 이스라엘 백성들을 위하여 생명을 걸고 중보기도'를 함으로 다시 '하나님과의 관계를 회복'합니다.

모세는 직접 돌판을 준비해 다시 시내산으로 올라갔습니다. 하나님께서는 그 돌판에 십계명을 새겨주셨습니다. 그리고 모세는 십계명 돌판을 들고 산 아래로 내려와, 하나님께서 명령하신 대로 그 돌판을 넣어 보관할 '언약궤'(법궤)를 이스라엘 백성들과 함께 만들었습니다.

하나님께서는 '언약궤'가 놓여 있는 그곳, 즉, 성막에서 "거기서 너희와 만나고"라고 말씀하시며 '하나님의 임재 장소'를 말씀해주셨습니다. 그때부터 〈제사장 나라 거룩한 시민〉 이스라엘 백성들은 하나님의 임재를 상징하는 '움직이는 성막'에서 하나님께 제사를 드리고 죄를 용서받으며 살아가게 되었습니다.

"거기서 내가 너와 만나고
속죄소 위 곧 증거궤 위에 있는 두 그룹 사이에서
내가 이스라엘 자손을 위하여
네게 명령할 모든 일을 네게 이르리라"(출 25:22)

"이는 너희가 대대로 여호와 앞 회막 문에서 늘 드릴 번제라
내가 거기서 너희와 만나고 네게 말하리라"(출 29:42)

'움직이는 성막'은 '여호와의 이름을 두려고 택하신 곳'이 되어 500년을 보내게 됩니다. 그 후 다윗과 솔로몬의 예루살렘 성전 건축으로, 그때부터는 '움직이지 않는 성전' 1,000년 시대를 열게 됩니다.

'움직이는 성막' 시대에는 '하나님의 이름을 두려고 택하신 곳'이 이곳저곳으로 계속 옮겨졌었습니다. 하지만 '예루살렘 성전이 건축'되고 그곳에 언약궤(법궤)를 모신 이후부터는 '예루살렘 성전'이 '하나님의 이름을 두려고 택하신 곳'이 되었습니다. 때문에 예루살렘 성전 건축이 끝난 후부터는 '하나님의 임재를 상징하는 곳' 즉, 장소가 바뀌지 않게

되었습니다.

> "제사장이 성소에서 나올 때에 구름이 여호와의 성전에 가득하매
> 제사장이 그 구름으로 말미암아 능히 서서 섬기지 못하였으니
> 이는 여호와의 영광이 여호와의 성전에 가득함이었더라"
> (왕상 8:10-11)

'언약궤, 성막, 성전 곧 손으로 만든 성소'는 모두 십자가를 위한 '하나님의 준비'였습니다. 이렇게 1,500년 동안 반복되었던 하나님의 준비로 예수님께서 '대제사장'이 되셔서 단번에 드린 '십자가 제사'를 드리셨고, 1,500년을 이어온 제사를 종료시키셨습니다.

손으로 만든 성소에서 1,500년 동안 '다섯 가지 제사'를 반복했던 이유가 바로 여기에 있습니다. 그것은 '손으로 만들지 않은 성소' 즉, '십자가에 단번에 오르시기 위함'이었던 것입니다.

예수님께서는 십자가를 통해 '창세전에 예비하신 하나님의 구원 계획을 완성'하셨습니다. 그리고 예비하신 그 길로 우리가 들어갈 수 있게 되었습니다.

> "그러므로 형제들아
> 우리가 예수의 피를 힘입어 성소에 들어갈 담력을 얻었나니
> 그 길은 우리를 위하여
> 휘장 가운데로 열어 놓으신 새로운 살 길이요

휘장은 곧 그의 육체니라

또 하나님의 집 다스리는 큰 제사장이 계시매"(히 10:19-21)

'손으로 만들지 아니했다'는 것은 '손으로 만든 것이 있다'는 이야기입니다. '손으로 만들었다'는 말은 창조에 속한다는 것입니다. 그리고 '손으로 만들지 않았다'는 것은 창조에 속하지 않았다는 이야기를 하기 위함입니다.

그러므로 '손으로 만든 성소'는 단번에 해결이 안 되고 '매번' 창조에 속한 것들을 가지고 '계속 반복해야' 합니다. 그런데 창조에 속한 것은 그림자일 뿐입니다. '그림자를 내놓으신 것'은 '참 것'을 내놓기 위함이었습니다.

"그리스도께서는 참 것의 그림자인

손으로 만든 성소에 들어가지 아니하시고

바로 그 하늘에 들어가사

이제 우리를 위하여 하나님 앞에 나타나시고"(히 9:24)

'십자가'는 '하늘 성소'였습니다. 그런데 모든 사람이 다 알고 있듯이 예수님께서 지신 십자가는 분명 로마의 사형틀인 십자가[31]였습니다. 로마 제국은 '로마 시민권자'에게는 절대로 십자가형을 언도하지 않았습니다. 십자가 처형은 너무나 고통스럽고 수치스럽게 죽는 사형 방식이었기 때문에 로마 제국은 극악무도한 범죄자나 반역자에게나 십자가형을 언도했습니다.

그런데 예수님께서는 팔리시고 그 십자가를 지셨습니다. 물론 예수님께서는 열두 군단[32]도 더 되는 천사들을 부르셔서 당신의 체포를 막으실 수도 있었습니다. 그러나 그렇게 하면 성경에 '이런 일이 있으리라'고 한 기록이 어떻게 이루어지겠느냐고 말씀하시며 예수님께서는 자발적으로 십자가에 오르셨습니다.

예수님께서는 십자가가 '단지 로마의 사형틀'이기만 했다면, 십자가를 지지 않으셨을 것입니다. 그러나 그 십자가가 손으로 짓지 아니한 '하늘 성소'였기 때문에 예수님께서는 친히 십자가에 올라가셨습니다.

"너는 내가 내 아버지께 구하여
지금 열두 군단 더 되는 천사를 보내시게 할 수 없는 줄로 아느냐
내가 만일 그렇게 하면 이런 일이 있으리라 한 성경이
어떻게 이루어지겠느냐 하시더라"(마 26:53-54)

---

31) 십자가(十字架, cross)는 로마의 사형틀로 유명함. 애굽, 앗수르, 페르시아 등에서 죄인을 고문하고 처형하기 위해 나무로 만든 형틀을 사용하던 것이 로마에 전해져 십자 모양의 형태가 됨. X형, T형, 예수님이 지신 T형의 변형 등 다양한 형틀이 있음. 죄목이나 이름을 죄인의 목 근처나 십자가 위쪽에 부착하기도 함. 사람을 십자가에 달면 피가 아래로 쏠려 극심한 고통을 겪으며 서서히 죽어감. 몹시 가혹한 형벌이기에 로마 시민에게는 행하지 않았음. 로마 콘스탄티누스 황제가 기독교로 개종한 후 337년경에 십자가형은 폐지됨.

32) 열두 군단(twelve legions) : 로마 군대의 1개 군단은 약 4,800명에서 6,000명의 남자 군인으로 구성. 1군단은 약 60명의 백부장이 각 100명을 지휘하며, 6개의 보병대를 가지고 있었음. 열두 군단은 7만 명 이상의 군력으로 로마 전체 군력과 맞먹는 군단일 것임. 유명한 알레시아 전투 때 동원한 카이사르의 군단이 12개의 군단이었음.

예수님께서는 하나님의 어린 양으로 '제물'이 되시고, 왕 같은 '대제사장'으로 제사를 직접 집례하셨으며, '하나님의 이름을 두려고 택하신 하늘 성소'인 십자가에서 죽으심으로 구원을 이루셨습니다. 이 모든 준비 끝에 완성된 것을 새롭게 담은 그릇이 바로 '성찬식'입니다.

성찬식, 하나님 나라 기념식이 되다

'예수님의 성찬식'은 한 번으로 끝나지 않고, 영원히 지켜야 할 〈하나님 나라〉의 기념식이 되었습니다. 이전의 모든 〈제사장 나라〉의 기념식들은 '성찬식'으로 수렴되었고, 예수님께서 직접 제정하신 성찬식이 진정한 〈하나님 나라〉의 기념식이 된 것입니다.

〈하나님 나라〉의 '기념식'을 달리 표현하면 '주의 죽으심을 주님 오실 그 날까지 기념하고 전하라'입니다. 여기에 예수님의 죽으심, 부활, 승천, 재림이 모두 들어 있습니다. 때문에 우리는 이 모든 것을 담은 '성찬식'을 반복해서 기념하고 전해야 합니다.

이제 더 이상 유월절, 오순절, 초막절, 그리고 '다섯 가지 제사'는 필요하지 않습니다. 왜냐하면 '성찬식' 안에 이 모든 것이 다 담겨 있기 때문입니다. 그래서 십자가와 성찬식은 통(通)으로 묶어 보아야 합니다.

십자가 _ 바르톨로매 에스테반 무리요 作

 '주의 죽으심'을 이야기할 때 '십자가'로 이어지는 이 모든 스토리를 함께 담아서 이야기해야 합니다. 이 이야기를 생략하기 때문에 '십자가'가 단순화되는 것입니다. 바울이 십자가만 알기로 작정했다고 말한 것이 바로 이 이야기입니다. 십자가를 알려면, 성경 전체를 알아야 합니다. 십자가 안에 모든 것이 들어 있기 때문입니다.

"형제들아 내가 너희에게 나아가 하나님의 증거를 전할 때에
말과 지혜의 아름다운 것으로 아니하였나니
내가 너희 중에서 예수 그리스도와
그가 십자가에 못 박히신 것 외에는
아무 것도 알지 아니하기로 작정하였음이라"(고전 2:1-2)

"십자가의 도가 멸망하는 자들에게는 미련한 것이요
구원을 받는 우리에게는 하나님의 능력이라"(고전 1:18)

우리는 예수님의 십자가의 보혈을 통해서 하나님의 자녀의 자리에 들어왔습니다. 놀랍게도 우리가 '하나님의 자녀'의 신분을 가지게 되었습니다.

"영접하는 자 곧 그 이름을 믿는 자들에게는
하나님의 자녀가 되는 권세를 주셨으니
이는 혈통으로나 육정으로나 사람의 뜻으로 나지 아니하고
오직 하나님께로부터 난 자들이니라"(요 1:12-13)

"너희는 다시 무서워하는 종의 영을 받지 아니하고
양자의 영을 받았으므로 우리가 아빠 아버지라고 부르짖느니라
성령이 친히 우리의 영과 더불어
우리가 하나님의 자녀인 것을 증언하시나니
자녀이면 또한 상속자 곧 하나님의 상속자요

그리스도와 함께 한 상속자니
우리가 그와 함께 영광을 받기 위하여
고난도 함께 받아야 할 것이니라"(롬 8:15-17)

'예수님의 십자가'는 '화목제사'입니다. '화목제사'는 '다섯 가지 제사' 가운데 '세 번째 제사'인 화목제입니다. 화목제의 중요한 특징 중 하나는 '사랑으로 함께 나누어 먹는다'입니다. '성찬식' 때 '나누어 먹으라'는 것은 이 화목제를 구현하는 것입니다.

〈하나님 나라〉에서 하나님의 자녀들은 함께 성찬식을 나누며 '주의 죽으심'을 기념합니다. 이렇게 '십자가'와 '성찬식'은 별개로 가지 않고 하나로 연결되어 있습니다.

'유월절'이 〈제사장 나라〉의 기념식이었듯이, '성찬식'은 〈하나님 나라〉의 기념식이 되었습니다. 〈제사장 나라〉에서 '유월절'이 법이었듯이, '성찬식'은 〈하나님 나라〉의 영원한 기념식이 되었고, 〈하나님 나라〉를 대표하는 가장 중요한 상징이 되었습니다.

"축사하시고 떼어 이르시되
이것은 너희를 위하는 내 몸이니
이것을 행하여 나를 기념하라"(고전 11:24)

passover .
communion

chapter 7

바울, 고린도 교회에 성찬식을 가르치다

'고린도 교회'는 사도 바울이 〈2차 전도여행〉 때에 성령의 인도하심으로 소아시아에서 유럽으로 건너가 마케도니아의 빌립보와 데살로니가 그리고 베뢰아를 거쳐, 그리스에 들어가 아덴(아테네) 다음으로 도착해 주의 몸 된 교회를 세운 곳이었습니다.

사도 바울이 누가와 함께 그리스에서 아덴을 거쳐 고린도(코린트)에 처음 도착했을 때에, 실라와 디모데는 아직 마케도니아의 베뢰아에 머무르고 있었습니다. 그곳에서의 사역이 남아 있었기 때문입니다.

사도 바울은 그의 전도팀과 함께 여러 지역을 다니며 주의 복음을 전했는데, 어느 지역 하나 녹록했던 곳이 없었습니다. 특히 사도 바울이 고린도에 도착해서는 두려움에 침묵까지 할 정도였습니다.

고린도(코린트)33)는 아덴(아테네) 서쪽에 있는 큰 항구도시로서 지역 특성상 매우 거칠고 험한 곳으로 평판이 썩 좋지 않았습니다. 그런데 그때 주께서 환상 가운데 고린도 성안에 주의 백성들이 많다는 것을 알려주시며 "침묵하지 말고 말하라"고 말씀하셨습니다.

이는 고린도 지역을 향한 하나님의 계획이 있다는 말씀이었습니다. 그리고 주께서는 사도 바울로 하여금 그곳 고린도에서 브리스길라와 아굴라 부부를 만나게 해주시고, 베뢰아로부터 실라와 디모데까지 다시 합류하게 하시며 용기를 북돋아주셨습니다. 그러자 사도 바울은 믿음으로 다시 용기를 내어 고린도 지역에서 담대하게 주의 복음을 전하기 시작했습니다.

"밤에 주께서 환상 가운데 바울에게 말씀하시되
두려워하지 말며 침묵하지 말고 말하라
내가 너와 함께 있으매
어떤 사람도 너를 대적하여 해롭게 할 자가 없을 것이니
이는 이 성중에 내 백성이 많음이라 하시더라
일 년 육 개월을 머물며 그들 가운데서

---

33) 고린도(코린트, Corinth) : B.C.8세기 펠로폰네소스 반도 입구에 위치한 도시국가로 등장. 아테네 서쪽 약 80km에 위치하며 아드리아해와 에게해를 연결하는 전략적 요충지. B.C.338년 마케도니아 필립포스 2세의 그리스 점령으로 코린트는 그리스 도시국가로 끝나고, B.C.146년 코린트 반란으로 로마에게 응징당함으로 도시가 완전히 파괴됨. B.C.44년 카이사르에 의해 로마의 신도시로 재건된 후 로마와 알렉산드리아, 안디옥 다음으로 큰 도시가 됨. 때문에 고대 로마의 양식이 현재 코린트에 그대로 살아 있어 중요한 유적지가 되고 있음. 바울 당시 인구 약 60만 명 가운데 자유인이 20만 명, 노예가 40만 명으로 무역의 요충지 코린트는 번창한 상업과 문화를 대표하는 국제적 항구도시였음.

하나님의 말씀을 가르치니라"(행 18:9-11)

사도 바울 전도팀은 1년 6개월 동안 고린도(코린트)에 머물며 고린도 교회를 세운 후, 〈2차 전도여행〉을 마무리했습니다. 그리고 그들은 안디옥(안티오크)으로 돌아왔다가, 얼마 동안 지내다가 다시 〈3차 전도여행〉을 나섰습니다.

〈3차 전도여행〉의 일정은 일단 에베소(에페소스)에서 2년간 사도 바울이 직접 제자들을 길러내는 것이었습니다. 그때 고린도 교회는 브리스길라와 아굴라 부부의 도움을 받은 알렉산드리아 출신의 아볼로가 교회를 섬기고 있었습니다.

당시는 예루살렘 교회를 시작으로 복음이 퍼져가면서 소아시아와 유럽에 많은 교회들이 세워지고 있었습니다. 그런데 대부분의 초기 교회들이 아직 뿌리도 약한데 유대교 유대인들의 복음 전파 방해와 우후죽순처럼 생겨나는 이단들 때문에 많은 어려움까지 겪고 있었습니다.

그 가운데 아볼로가 목회를 하고 있던 고린도 교회에도 여러 문제들이 생겨나기 시작했습니다. 교회 안의 파당 문제, 결혼의 문제, 성령의 은사에 관한 문제, 부활에 관한 문제, 우상 제물에 관한 문제 등 다양한 문제들이 발생했습니다.

그러자 사도 바울의 후임으로 고린도 교회를 섬기던 아볼로가 너무나 많은 문제들 때문에 고민을 하다가 교회를 떠나 에베소(에페소스)에 있는 바울에게 찾아왔습니다.

사도 바울은 아볼로를 설득해 다시 고린도 교회로 돌려보내려 했으나, 아볼로는 절대로 고린도 교회로 돌아가지 않겠다고 말합니다. 그만큼 고린도 교회 안에 일어난 문제들이 심각했던 것입니다.

"형제 아볼로에 대하여는
그에게 형제들과 함께 너희에게 가라고 내가 많이 권하였으되
지금은 갈 뜻이 전혀 없으나 기회가 있으면 가리라"(고전 16:12)

사도 바울은 에베소(에페소스)에서의 일정으로 인해 곧바로 고린도(코린트)로 갈 형편이 되지 못했기 때문에 고린도 교회의 문제들을 먼저 해결하기 위해 편지로 〈고린도전서〉를 써서 디모데의 손에 들려 보냈습니다. 사도 바울은 그 편지에서 고린도 교회가 서로 나뉘지 않고 하나 되기를 바라며 '성찬식'에 대해 가르쳐주었습니다.

"먼저 너희가 교회에 모일 때에
너희 중에 분쟁이 있다 함을 듣고 어느 정도 믿거니와
너희 중에 파당이 있어야 너희 중에
옳다 인정함을 받은 자들이 나타나게 되리라
그런즉 너희가 함께 모여서 주의 만찬을 먹을 수 없으니"
(고전 11:18-20)

사도 바울의 편지들은 대부분 초기교회들에게 보낸 '회람 문서'[34]의 성격을 가지고 있습니다. 때문에 사도 바울이 고린도 교회에 보낸 편지도 초기교회 성도들이 다 함께 배워야 할 내용들이었습니다.

그러므로 사도 바울이 고린도 교회 성도들에게 '성찬식'에 대해서 써 보낸 내용은 모든 초기교회 성도들에게 가르친 내용이었습니다.

> 십자가 그 순간,
> 예루살렘 성전의 휘장이 찢어지고
> 너희 몸이 성전이 되는
> 이 비밀의 영광이
> 모든 민족 가운데 풍성한 것으로 나타나
> 다섯 가지 제사에서 오직 예배를 드리며
> 주님 다시 오실 그 날까지
> 주의 죽으심을 기념하며 전하라.

사도 바울은 고린도 교회 성도들에게 '성찬식' 때에 반드시 생각하고 기념해야 할 내용들을 정리해서 알려주었습니다.

예수님의 십자가 '그 순간' 예루살렘 성전의 휘장이 찢어짐으로 성전의 모든 기능은 끝이 나고 '우리 몸이 거룩한 성전'이 되었습니다. 이

---

[34] 회람 문서(回覽 文書)란 해당 문건을 여러 사람들이 돌려보는 것. 성경에 등장하는 초기교회의 편지들은 회람 편지들이었음. 교회적으로 회람한 편지는 데살로니가전후서, 갈라디아서, 고린도전후서, 로마서, 에베소서, 빌립보서, 골로새서 등이었고, 개인과 교회가 함께 회람한 편지는 빌레몬서, 디모데전후서, 디도서였음. 예루살렘 공회가 끝난 후 안디옥 성도들이 그 내용을 편지를 통해 회람했음.

사도 바울 _ 발렌틴 데 볼로뉴 作

'비밀의 영광'이 곧 모든 민족을 복 받게 하시겠다는 하나님의 계획으로 완성되어서 '예수 십자가'로 그 풍성함이 드러났습니다.

따라서 이제 더 이상 아브라함의 후손들인 이스라엘 민족이 짐승을 제물로 드렸던 '다섯 가지 제사'가 아닌, '오직 예배'로 고린도 교회를 비롯해 모든 민족이 하나님 앞에 '예배자'로 서야 합니다. 예배의 내용은 '주님 다시 오실 그 날까지 주의 죽으심을 반복하여 기념함'으로 그 의미를 전하는 것입니다. 이를 기념하는 〈하나님 나라〉 예식이 바로 '성찬식'입니다.

이처럼 사도 바울이 '모든 민족 가운데 한 샘플'인 고린도 교회에 '성찬식'을 가르쳤다는 것은, 우리도 교회에서 사도 바울처럼 〈하나님 나라〉 예식인 '성찬식'을 가르쳐야 함을 말합니다.

십자가 그 순간, 예루살렘 성전 휘장 찢어지고

　사도 바울이 고린도 교회의 성도들에게 성찬식을 가르치면서 처음 언급한 내용은 바로 예수님의 십자가 '그 순간' 예루살렘 성전의 '휘장이 찢어졌다'는 것입니다. 그리고 그로 말미암아 성전의 모든 기능은 끝이 나고 '우리 몸이 거룩한 성전'이 되었다는 것입니다.
　그런데 '예수님 당시의 예루살렘 성전의 찢어진 휘장'은, '헤롯 성전'이라 불렸던 스룹바벨 성전을 증축했던 그 예루살렘 성전의 휘장이었습니다.

"너는 산에서 보인 양식대로 성막을 세울지니라
너는 청색 자색 홍색 실과 가늘게 꼰 베 실로 짜서
휘장을 만들고
그 위에 그룹들을 정교하게 수 놓아서
금 갈고리를 네 기둥 위에 늘어뜨리되
그 네 기둥을 조각목으로 만들고
금으로 싸서 네 은 받침 위에 둘지며
그 휘장을 갈고리 아래에 늘어뜨린 후에
증거궤를 그 휘장 안에 들여놓으라
그 휘장이 너희를 위하여
성소와 지성소를 구분하리라"(출 26:30-33)

　유대를 다스렸던 분봉 왕 '헤롯'이 유대 민족의 환심을 사기 위해 증축해주었던 예루살렘 성전' 건물의 특징은, 성전의 '외벽'과 '성소'가 너무나도 화려했다는 것입니다. '성전 외벽'의 돌과 돌 사이에 금을 넣어 건축했으니 그 화려함은 말로 다 할 수 없을 정도였습니다.

그리고 디아스포라 유대인들이 1년에 세 차례 예물과 십일조를 들고 방문하는 성전 내부의 '성소'도 웅장하고 화려했습니다. 그러나 대제사장이 혼자 1년에 한 번 들어가는 성소 휘장 안쪽의 '지성소'는 허술하기가 이를 데 없었습니다.

헤롯에게는 지성소가 너무나도 비경제적인 곳이었기 때문입니다. 그렇지만 성소와 지성소를 구분하는 '휘장'은 무척이나 화려하고 멋졌습니다.

'휘장'[35]은 청색, 자색, 홍색 실과 가늘게 꼰 베실로 짜고, 그 위에 그룹을 수놓아 정교하게 만들어졌습니다. 황소 몇 마리가 양쪽에서 잡아당겨도 찢어지지 않을 정도로 두껍고 튼튼했다고 합니다. 네 개의 기둥에 금 갈고리로 걸어 매었습니다.

십계명 돌판이 들어 있는 '언약궤'(법궤)는 '하나님의 임재의 상징'이었습니다. 예루살렘 성전이 '여호와의 이름을 두려고 택하신 곳'이 된 것은, 성전 안에 하나님의 임재를 상징하는 언약궤가 있었기 때문입니다.

---

35) 휘장(curtain of the temple)은 지성소와 성소를 구분하는 장막으로 여러 폭의 천으로 이어 만듦. 미쉬나에 따르면, 지성소의 휘장은 두께가 한 뼘이며, 각각 24가닥의 실로 꼬아서 만든 72줄의 끈으로 짬. 휘장 길이는 40규빗, 폭 20규빗 즉, 1규빗을 45cm 정도로 생각할 때 18m의 길이와 9m의 폭으로 생각할 수 있음.

그런데 하나님의 임재를 상징하는 언약궤는 휘장 안쪽 지성소에 있었기 때문에, 대제사장조차 1년에 한 번 들어가서 언약궤를 보고 나올 뿐이었습니다. 그러니 성소까지만 들어갈 수 있었던 이스라엘 백성들도 성전 안에서 볼 수 있는 것은 오로지 '휘장'뿐이었습니다.

그런데 예수님께서 십자가 위에서 '다 이루었다'라고 말씀하신 '그 순간' 휘장이 위로부터 아래로 찢어져 둘로 나뉘어졌습니다. 지성소와 성소를 구분해주던 바로 그 휘장이 찢어지면서 더 이상 대제사장이 1년에 한 번 지성소에 들어가던 〈제사장 나라〉의 법이 사라지게 되었습니다.

"때가 제육시쯤 되어 해가 빛을 잃고
온 땅에 어둠이 임하여 제구시까지 계속하며
성소의 휘장이 한가운데가 찢어지더라
예수께서 큰 소리로 불러 이르시되
아버지 내 영혼을 아버지 손에 부탁하나이다 하고
이 말씀을 하신 후 숨지시니라"(눅 23:44-46)

"예수께서 다시 크게 소리 지르시고
영혼이 떠나시니라
이에 성소 휘장이 위로부터 아래까지 찢어져
둘이 되고 땅이 진동하며 바위가 터지고"(마 27:50-51)

예수님께서 십자가에서 죽으신 '그 순간', 지성소와 성소를 구분해 주던 '휘장'이 찢어졌다는 것은, 예수님의 십자가 '그 순간'까지만 예루살렘 성전의 기능이 필요했다는 것이고, 그 '십자가'가 진정한 '하늘 성소'임을 보여주는 것이라 할 수 있습니다.

즉, 예수님의 십자가 '그 순간' 이후부터는 예루살렘 성전은 단지 건물일 뿐 어떤 기능도 가지지 못하게 된 것입니다. 그러므로 예수님의 십자가 '그 순간' 예루살렘 성전의 휘장이 찢어졌다는 것은, '우리 몸이 거룩한 성전'이 되었다는 말과 같습니다.

너희 몸이 성전 되는

우리가 살아 있다는 것은 몸이 움직이고 있다는 뜻입니다. 우리의 살아 있는 몸이 거룩한 성전이 되는 길은, 오직 예수 그리스도의 몸과 피를 먹고 마실 때에 가능합니다. 1,500년 동안 '성전'은 '하나님의 임재를 상징하는 공간'이었습니다. 그런데 예수님의 십자가 '그 순간' 성령께서 우리 안에 거하시게 되었습니다. 성령님의 임재가 우리 안에 임하시게 되었습니다.

"너희는 너희가 하나님의 성전인 것과
하나님의 성령이 너희 안에 계시는 것을 알지 못하느냐
누구든지 하나님의 성전을 더럽히면
하나님이 그 사람을 멸하시리라

하나님의 성전은 거룩하니 너희도 그러하니라"(고전 3:16-17)

그동안의 '성전'은 '너희 몸이 성전이 됨'을 '준비'한 것입니다. 이는 '때가 찬 경륜'에 따라 '창세전부터 예비'되었습니다. 그러므로 1,500년의 성전 이야기가 바탕이 되지 않으면 '너희 몸이 성전'이라는 말은 성립이 되지 않습니다.

'너희 몸이 성전'이라는 말을 달리 표현하면 '교회'입니다. 우리는 '교회'라는 용어를 여러모로 확대해서 사용합니다. 가장 근본적인 교회의 의미는 바로 '너희 몸이 성전'입니다. 그런데 우리는 이 의미보다는 지역의 어느 교회, 내가 다니는 교회의 이름만을 크게 생각합니다. 이 생각이 한 사람 한 사람이 성도로서의 교회라는 사실을 약화시켰습니다.

우리는 '하나님의 형상을 닮은 피조물'입니다. 그러나 죄로 말미암아 그 하나님의 형상을 잃어버렸습니다. 그런데 '우리 몸이 성전'이라는 말씀은 피조물인 '우리'와 '여호와의 이름을 두려고 택하신 곳인 성전'이 하나가 되었다는 것입니다.

예수님의 십자가의 공로로 우리 안에 하나님의 형상이 회복되어 우리가 '하나님의 자녀'가 되고 성전이 된 것입니다. 이렇게 될 수 있도록 항상 우리를 인도하는 것이 바로 예수님의 몸과 피를 함께 먹고 마시는 '성찬식'입니다.

'유월절'에서 '성찬식'으로
'이 날을 기념하라'에서 '나를 기념하라'로
'제사'에서 '예배'로
'건물 성전'의 기능이 '우리 몸이 거룩한 성전'으로

'우리 몸이 거룩한 성전'이 됨으로 이제 우리는 '하나님의 영이 임하시는 성전'이 된 그리스도인입니다. 그리고 하나님의 성전인 그리스도인들이 모여 '예배'로 하나님께 나아갈 수 있게 된 것입니다.

유월절을 지킬 때에는 '그 날, 그 장소'를 특정한 것이 효과적이었습니다. 그러나 '우리 몸이 거룩한 성전'이 되었기 때문에 이제는 '그 날, 그 장소'를 특정하는 것은 오히려 역효과가 됩니다. 그럴 필요가 없게 된 것입니다. '나를 기념하라' 곧 '예수를 기념'하는 것은 '사나 죽으나, 언제 어디서나' 할 수 있는 일입니다. 이것이 하나님께서 계획하신 본래의 의미입니다.

이 비밀의 영광이 모든 민족 가운데 풍성한 것으로 나타나

'비밀'은 '목적을 가지고 어떤 내용을 덮어놓은 것'입니다. 있는 내용을 감추어둔 것입니다. 예수님께서는 비유를 가지고 말씀하셨는데, 그 이유는 드러낼 자와 드러내지 않을 자를 구별하시기 위함이었습니다. 이는 그 내용을 값지게 합니다. 그런데 예수님께서는 그 비밀의 내용을 우리에게 알려주셨습니다.

사람들이 예수님의 사역을 보고 흥미를 갖기 시작했습니다. 예사롭지 않은 그분의 삶을 보고, 어떤 이들은 '엘리야 같다', '세례 요한 같다'며 너나 할 것 없이 예수님에 대해 이야기했습니다.

예수께서 빌립보 가이사랴 지방에 도착하여
제자들에게 묻습니다.
"사람들이 인자를 누구라 하느냐"
제자들이 대답합니다.
"더러는 세례 요한, 더러는 엘리야,
어떤 이는 예레미야나 선지자 중의 하나라 하나이다"
예수님이 제자들에게 묻습니다.
"너희는 나를 누구라 하느냐"
시몬 베드로가 대답합니다.
"주는 그리스도시요 살아 계신
하나님의 아들이시니이다"(마 16:13-16)

베드로의 대답을 들으신 예수님의 반응은 두 가지였습니다. 먼저 칭찬해주셨습니다. 아마도 베드로가 이때 가장 큰 칭찬을 들었을 것입니다. 이어서 예수님께서는 베드로에게 "이를 네게 알게 한 이는 하늘에 계신 내 아버지시니라"고 말씀하셨습니다. 즉, 베드로에게 '이 비밀을 알려주신 분'은 '하나님'이시라는 것입니다.

> 예수께서 대답하십니다.
> "바요나 시몬아 네가 복이 있도다
> 이를 네게 알게 한 이는 혈육이 아니요
> 하늘에 계신 내 아버지시니라
> 또 내가 네게 이르노니
> 너는 베드로라 내가 이 반석 위에 내 교회를 세우리니
> 음부의 권세가 이기지 못하리라"(마 16:17-18)

우리는 "지혜와 계시의 정신을 주소서"라고 늘 기도합니다. 예수님을 믿는다는 말은 하나님께서 창조하신 지혜와 이를 능가하는 예정과 섭리의 지혜를 믿는다는 것입니다. 하나님의 예정과 섭리는 세상에 넣어놓지 않으신 예수님에 관한 지혜입니다. 이는 창조 때 넣어두신 지혜가 아닙니다. 하나님께서 이를 드러내신 것이 바로 '때가 찬 경륜', 즉 예정입니다.

> "우리 주 예수 그리스도의 하나님,
> 영광의 아버지께서 지혜와 계시의 영을 너희에게 주사
> 하나님을 알게 하시고"(엡 1:17)

그래서 성경에 '비밀'이라는 말씀이 많이 등장합니다. 어떤 이들은 이 비밀을 자신이 풀 수 있다고 악용합니다. 이는 정말 잘못되고 위험

한 일입니다. 하나님께서는 이미 성경을 통해 하나님의 비밀을 잘 알 수 있도록 기록해두셨기 때문입니다.

하나님께서는 '때가 찬 경륜'을 따라서 이 '비밀을 예정'하셨고, '때가 차매' 이 비밀을 드러내셨습니다. 이 비밀 즉, '주는 그리스도시요 살아 계신 하나님의 아들'이심이 베드로의 고백으로 드러났을 때 하나님께서는 너무 기뻐셨습니다.

하나님께서 준비하신 이 모든 복의 비밀을 모든 만민에게 확실하게 드러내신 것이 '십자가'입니다. '십자가를 아는 것'은 '창세전에 예비하신 지혜와 계시를 아는 기쁨'입니다. 이것이 '복음'입니다.

적은 노력으로 큰 성과를 내는 것을 지혜라고 말합니다. 남의 실수를 간접 경험해서 줄일 때에 지혜롭다고 말합니다. 그런데 사도 바울은 그런 지혜로움이 아닌, 성경을 통해 알려주신 예수님과 그 십자가만을 알고 전하겠다고 결심했습니다.

"형제들아
내가 너희에게 나아가 하나님의 증거를 전할 때에
말과 지혜의 아름다운 것으로 아니하였나니
내가 너희 중에서 예수 그리스도와
그가 십자가에 못 박히신 것 외에는
아무 것도 알지 아니하기로 작정하였음이라" (고전 2:1-2)

세상의 농부들이, 어부들이, 얼마나 지혜롭습니까. 이미 하나님께서 주신 복이니 그 지혜를 가지고 성실히 살아가면 됩니다. 그러나 예수님의 십자가가 우리를 위한 대속이었음을 어떻게 알 수 있겠습니까.

그런데 감추어져 있던 '비밀의 영광'이 고린도 교회 성도들을 비롯해 '많은 이방인들 가운데 풍성히 나타났기에' 사도 바울은 너무나 기쁘고, '이방인의 사도임을 자랑스러워' 했던 것입니다. '비밀의 영광을 모든 이방인에게 알리는 이 일'이 가장 기쁘고 중요한 일이라고 바울은 고백했습니다.

"내가 교회의 일꾼 된 것은 하나님이 너희를 위하여
내게 주신 직분을 따라 하나님의 말씀을 이루려 함이니라
이 비밀은 만세와 만대로부터 감추어졌던 것인데
이제는 그의 성도들에게 나타났고
하나님이 그들로 하여금 이 비밀의 영광이
이방인 가운데 얼마나 풍성한지를 알게 하려 하심이라
이 비밀은 너희 안에 계신 그리스도시니
곧 영광의 소망이니라"(골 1:25-27)

그래서 비밀의 영광이 가장 잘 드러나 있는 '주의 십자가'를, 그리고 '주의 죽으심'을 온 세상에 기념하고 전해야 합니다.
　비밀의 영광은 말과 지혜의 아름다운 것에 있지 않습니다. '비밀'은 곧 '예수 그리스도의 십자가'입니다. '십자가'가 '하늘 성소'라는 것, '십

자가 성찬식과 통(通)으로 묶여 있다는 것', 이 모든 것이 비밀입니다. 그리고 이것이 영광입니다. 비밀의 영광이 '모든 민족' 가운데 나타나심이 없다면 사실 고린도 교회도 없는 것입니다.

모든 민족, 모든 족속, 이방인은 모두 같은 뜻입니다. '모든 민족' 담론의 '시작은 아브라함'이며 그 '끝은 예수님'입니다. 아브라함의 후손들을 통해 모든 민족에게 복 주시겠다는 하나님의 뜻이 있었습니다. 그 끝 이야기는 예수님께서 모든 민족에게 가서 복을 알리고 가르치라는 것입니다.

"여호와께서 아브람에게 이르시되
너는 너의 고향과 친척과 아버지의 집을 떠나
내가 네게 보여 줄 땅으로 가라
내가 너로 큰 민족을 이루고 네게 복을 주어
네 이름을 창대하게 하리니 너는 복이 될지라
너를 축복하는 자에게는 내가 복을 내리고
너를 저주하는 자에게는 내가 저주하리니
땅의 모든 족속이 너로 말미암아
복을 얻을 것이라 하신지라"(창 12:1-3)

"먼저 내가 예수 그리스도로 말미암아
너희 모든 사람에 관하여 내 하나님께 감사함은
너희 믿음이 온 세상에 전파됨이로다"(롬 1:8)

솔로몬 시대에 스바 여왕은 예루살렘 성전을 방문했을 때에 '이방인의 뜰'까지만 들어왔을 것입니다. 〈제사장 나라〉 법에 따라 더 이상 성전 안으로는 들어갈 수 없었기 때문입니다. 그때 스바 여왕은 성전 안의 모습이 매우 궁금했을 것입니다. 그러나 이제는 더 이상 궁금해 할 필요가 없습니다. 비밀의 영광 즉, 예수의 이름이 모든 민족 가운데 풍성히 나타나셨기 때문입니다.

만약 아직까지도 비밀의 영광이 드러나지 않았다면, 우리도 스바 여왕처럼 〈제사장 나라〉 법에 따라 '성소'에 들어가지 못하고 '이방인의 뜰'에 서 있어야 했을 것입니다. 그러므로 아브라함의 후손들은 그 동안 엄청난 특권을 받아왔습니다. 하지만 그들의 그 특권은 그들만을 위한 특권이 아니고, 이 비밀을 드러내기 위한 '사명을 위한 특권'이었습니다.

사도 바울은 과거에 자신이 그리스도인들을 핍박했던 일을 생각하며 사십에 하나 감한 채찍을 다섯 번이나 맞고도 다시 일어나 예수님을 전하는 일을 주저하지 않았습니다. 그래서 모든 민족 가운데 예수 그리스도의 이름이 풍성히 나타나게 된 것입니다.

보통 '예정'이라고 할 때는 '내가 구원을 받았느냐 안 받았느냐'에 관심을 둡니다. 그러나 예정 중에 가장 중요한 예정은, 예수 그리스도께서 이때 나타나신 것입니다. 예수 그리스도를 바로 그때 보내셔서 하나님의 크신 구원의 비밀을 밝히신 것, 이것이 중요합니다. 비밀의 영광, 이 예정이 '때가 차매' 나온 것입니다.

"그 뜻의 비밀을 우리에게 알리신 것이요
그의 기뻐하심을 따라 그리스도 안에서
때가 찬 경륜을 위하여 예정하신 것이니"(엡 1:9)

다섯 가지 제사에서 오직 예배를 드리며

'이 비밀의 영광'을 알게 된 '그리스도인들'은 이제 '하나님 앞에 예배드리기 위해 나아가야' 합니다. 이전의 제사는 하나님께서 지정하신 장소로 나아가는 것이었습니다. '모리아산으로 가라, 시내산으로 올라오라, 언약궤가 놓인 성막으로 가라, 예루살렘 성전으로 가라' 이렇게 하나님께서 그때그때 지정해주신 그 장소에 가서 제사해야 했습니다.

예수님께서는 이방인과 유대인의 경계선에 있던 한 사마리아 여인에게 '이 산도, 예루살렘도 아니고 예배할 때가 올 것'이라고 말씀하셨습니다. 이제 우리는 구약의 '다섯 가지 제사'에서 '예수님의 성찬식과 십자가'를 기점으로 '오직 예배'로 왔습니다. 이 산에서도, 예루살렘에서도 제사를 드리는 것이 아니라, '오직 예배'로 온 것입니다.

예수께서 말씀하십니다.
"여자여 내 말을 믿으라 이 산에서도 말고

예루살렘에서도 말고 너희가 아버지께 예배할 때가 이르리라
　　너희는 알지 못하는 것을 예배하고
　　우리는 아는 것을 예배하노니
　　이는 구원이 유대인에게서 남이라
　　아버지께 참되게 예배하는 자들은
　　영과 진리로 예배할 때가 오나니 곧 이 때라
　　아버지께서는 자기에게
　　이렇게 예배하는 자들을 찾으시느니라"(요 4:21-23)

　　예수님의 십자가 '그 순간' 이후에 '너희 몸이 성전'이 된 우리 그리스도인들은 더 이상 짐승의 피가 아닌 예수 십자가의 보혈을 믿음으로 '예배자'로 서는 것입니다. 그러므로 사도 바울은 예수님을 만난 고린도 교회 성도들이 다시 과거로 회귀해서는 안 되며, 오직 예배로 나아가야 함을 가르쳤습니다.

　　"그러므로 형제들아
　　내가 하나님의 모든 자비하심으로 너희를 권하노니
　　너희 몸을 하나님이 기뻐하시는 거룩한 산 제물로 드리라
　　이는 너희가 드릴 영적 예배니라
　　너희는 이 세대를 본받지 말고
　　오직 마음을 새롭게 함으로 변화를 받아
　　하나님의 선하시고 기뻐하시고 온전하신 뜻이 무엇인지
　　분별하도록 하라"(롬 12:1-2)

예수님께서 '이 모든 이야기'를 "모든 민족에게 가르치라"고 말씀하셨습니다.

"그러므로 너희는 가서 모든 민족을 제자로 삼아
아버지와 아들과 성령의 이름으로 세례를 베풀고
내가 너희에게 분부한 모든 것을 가르쳐 지키게 하라
볼지어다 내가 세상 끝날까지
너희와 항상 함께 있으리라 하시니라"(마 28:19-20)

그리고 우리에게 성령이 임하시면, 우리가 권능을 받고 땅 끝까지 예수님의 증인이 될 것이라고 말씀하셨습니다.

"오직 성령이 너희에게 임하시면
너희가 권능을 받고
예루살렘과 온 유대와 사마리아와 땅 끝까지 이르러
내 증인이 되리라 하시니라"(행 1:8)

주님 다시 오실 그 날까지
주의 죽으심을 기념하며, 전하라

'성령께서 함께하실 때' 우리는 '예수 십자가를 늘 기념하고' 땅 끝까지 '주의 죽으심을 전할 것'입니다. 사도 바울은 성령께서 우리 안에 계심을 이야기했습니다.

"너희는 너희가 하나님의 성전인 것과
하나님의 성령이 너희 안에 계시는 것을 알지 못하느냐"(고전 3:16)

"만일 너희 속에 하나님의 영이 거하시면
너희가 육신에 있지 아니하고 영에 있나니
누구든지 그리스도의 영이 없으면 그리스도의 사람이 아니라
또 그리스도께서 너희 안에 계시면
몸은 죄로 말미암아 죽은 것이나
영은 의로 말미암아 살아 있는 것이니라

예수를 죽은 자 가운데서 살리신 이의 영이 너희 안에 거하시면
그리스도 예수를 죽은 자 가운데서 살리신 이가
너희 안에 거하시는 그의 영으로 말미암아
너희 죽을 몸도 살리시리라"(롬 8:9-11)

우리가 '기념하며 전해야 할 것'은 오직 '주의 죽으심'입니다. 그래서 사도 바울은 십자가 외에는 아무것도 알지 않기로 작정했다고 고백했던 것입니다.

'주님 다시 오실 그 날까지' 이 말 속에는 우리 주님의 부활, 승천, 재림이 모두 담겨 있습니다. 그러므로 그리스도인은 '부활하시고 승천

하신 우리 주님이 재림하실 그 날까지' '주의 죽으심'을 믿고 기념하며 전해야 합니다.

그래서 '땅끝에서' 주의 모든 백성들이 하나님께 영광을 돌리면서 '주께 드릴 노래와 주께 드릴 열매를 가득 안고' 한목소리로 "오! 주님 어서 오시옵소서"를 외쳐야 합니다. 이것이 '하나님의 비밀의 영광'을 알게 된 '거룩한 성전'인 그리스도인의 올바른 자세입니다.

"이것들을 증언하신 이가 이르시되
내가 진실로 속히 오리라 하시거늘
아멘 주 예수여 오시옵소서"(계 22:20)

나가면서

〈하나님 나라〉 잔치에 참석하리라

출애굽 하게 된 이스라엘 민족은 시내산에서 하나님과 〈제사장 나라 거룩한 시민〉의 언약을 맺었습니다. 그 후 하나님께서 모세에게 아론과 아론의 두 아들, 그리고 칠십 명의 장로들을 데리고 하나님 앞으로 오라고 말씀하셨습니다. '74인이 하나님 앞으로 초대받는 기쁨'을 누렸습니다.

하나님의 발아래에는 청옥을 편 듯하고 하늘과 같이 청명했습니다. 하나님께 초대받은 74인은 그곳에서 하나님을 뵙고, 하나님의 잔치에서 먹고 마시는 영광을 누렸습니다. 그 잔치는 〈제사장 나라 거룩한 시민〉이 되어야 할 '이스라엘 백성 전체와 함께 나눌 잔치의 서막'이었습니다.

"모세와 아론과 나답과 아비후와
이스라엘 장로 칠십 인이 올라가서 이스라엘의 하나님을 보니
그의 발 아래에는 청옥을 편 듯하고 하늘 같이 청명하더라
하나님이 이스라엘 자손들의 존귀한 자들에게
손을 대지 아니하셨고
그들은 하나님을 뵙고 먹고 마셨더라"(출 24:9-11)

'성경에 등장하는 가장 큰 잔치'는 '솔로몬의 성전 낙성식'이었을 것입니다. 엄청난 봉헌식 예물을 드리고, 온 이스라엘 백성들이 14일간 절기를 지키며 축복하고 기뻐했습니다.

"솔로몬이 화목제의 희생제물을 드렸으니
곧 여호와께 드린 소가 이만 이천 마리요 양이 십이만 마리라
이와 같이 왕과 모든 이스라엘 자손이
여호와의 성전의 봉헌식을 행하였는데
그 날에 왕이 여호와의 성전 앞뜰 가운데를 거룩히 구별하고
거기서 번제와 소제와 감사제물의 기름을 드렸으니
이는 여호와의 앞 놋 제단이 작으므로
번제물과 소제물과 화목제의 기름을 다 용납할 수 없음이라

그 때에 솔로몬이 칠 일과 칠 일 도합 십사 일간을
우리 하나님 여호와 앞에서 절기로 지켰는데
하맛 어귀에서부터 애굽 강까지의 온 이스라엘의 큰 회중이 모여

그와 함께 하였더니

여덟째 날에 솔로몬이 백성을 돌려보내매

백성이 왕을 위하여 축복하고 자기 장막으로 돌아가는데

여호와께서 그의 종 다윗과 그의 백성 이스라엘에게 베푸신

모든 은혜로 말미암아 기뻐하며

마음에 즐거워하였더라"(왕상 8:63-66)

'남유다의 요시야 왕 때'에 '유월절 잔치'가 있었습니다. 북이스라엘과 남유다의 왕들 가운데 요시야처럼 〈제사장 나라〉 법에 따라 제대로 '유월절'을 지킨 왕은 없었습니다. 요시야 왕과 방백들이 심히 많이 내 놓은 '어린 양'을 구워 백성들에게 분배하고 모두 모여 '유월절'을 기념하고 지키며 잔치를 했습니다.

"그 때에 모인 이스라엘 자손이 유월절을 지키고

이어서 무교절을 칠 일 동안 지켰으니

선지자 사무엘 이후로 이스라엘 가운데서

유월절을 이같이 지키지 못하였고

이스라엘 모든 왕들도

요시야가 제사장들과 레위 사람들과 모인 온 유다와

이스라엘 무리와 예루살렘 주민과 함께 지킨 것처럼은

유월절을 지키지 못하였더라"(대하 35:17-18)

'느헤미야 때'에는 '귀환공동체의 잔치'가 있었습니다. 페르시아로

부터 돌아온 귀환공동체가 예루살렘에서 모두 율법의 말씀을 듣고 깨닫고 난 후 함께 기뻐하며 음식을 나누어 먹고 크게 즐거워했습니다.

> "느헤미야가 또 그들에게 이르기를
> 너희는 가서 살진 것을 먹고 단 것을 마시되
> 준비하지 못한 자에게는 나누어 주라
> 이 날은 우리 주의 성일이니 근심하지 말라
> 여호와로 인하여 기뻐하는 것이 너희의 힘이니라 하고
> 레위 사람들도 모든 백성을 정숙하게 하여 이르기를
> 오늘은 성일이니 마땅히 조용하고 근심하지 말라 하니
> 모든 백성이 곧 가서 먹고 마시며 나누어 주고 크게 즐거워하니
> 이는 그들이 그 읽어 들려 준 말을 밝히 앎이라"(느 8:10-12)

이처럼 '잔치'는 '함께 어울려 먹고 마시며 축제를 여는 것'입니다. 혼자 금식하는 것을 잔치라고 말하지 않습니다.

성경에 이처럼 많은 잔치에 관한 기록들이 있지만, 가장 중요한 잔치는 예수님께서 '마지막 유월절'에 제자들과 함께하신 '첫 번째 성찬식 잔치'입니다. 그 성찬식이 얼마나 중요했던지 예수님께서는 십자가를 지시기 전 '이 유월절 먹기를 원하고 원하셨다'라고까지 말씀하셨습니다.

모세 때에 애굽(이집트)에서 시작된 '첫 번째 유월절' 이래로 1,500년의 역사를 가진 유월절을 예수님께서는 십자가 지시기 전날 밤 '마

지막 유월절'로 지키시고 '첫 번째 성찬식'을 거행하셨습니다.

그리고 예수님께서는 유월절 '이 날을 기념하라'에서 성찬식을 통해 '나를 기념하라'고 말씀하시며 〈하나님 나라〉 백성들이 될 '모든 민족과 함께 나눌 잔치의 서막'을 여셨습니다.

"사람들이 동서남북으로부터 와서
하나님의 나라 잔치에 참여하리니"(눅 13:29)

"천사가 내게 말하기를 기록하라
어린 양의 혼인 잔치에 청함을 받은 자들은 복이 있도다"(계 19:9)

우리는
주님 오실 그 날까지
주의 죽으심을 기념하며 전할 것입니다.